读懂青春期

[美]塔拉·伊根◎著　王海峰　陆慧◎译

ADOLESCENCE
A PARENT'S GUIDE

天津出版传媒集团
天津科学技术出版社

著作权合同登记号：图字 02—2022—143

Copyright © 2020 by Rockridge Press, Emeryville, California
First Published in English by Rockridge Press, an imprint of Callisto Media, Inc.

图书在版编目（CIP）数据

读懂青春期 /（美）塔拉·伊根著；王海峰，陆慧译 . -- 天津：天津科学技术出版社，2022.8

书名原文：Adolescence

ISBN 978-7-5742-0323-5

Ⅰ . ①读⋯ Ⅱ . ①塔⋯ ②王⋯ ③陆⋯ Ⅲ . ①青春期－家庭教育 Ⅳ . ① G782

中国版本图书馆 CIP 数据核字 (2022) 第 124709 号

读懂青春期

DUDONG QINGCHUNQI

责任编辑：布亚楠

出　　版：	天津出版传媒集团
	天津科学技术出版社

地　　址：天津市西康路 35 号

邮政编码：300051

电　　话：(022) 23332695

网　　址：www.tjkjcbs.com.cn

发　　行：新华书店经销

印　　刷：天津画中画印刷有限公司

开本 880×1230　1/32　印张 6　字数 84 000
2022 年 8 月第 1 版第 1 次印刷
定价：49.00 元

导　言

　　青春期似乎总是神秘莫测的。每位家长都渴望能够了解这段时间孩子身体上的尴尬变化和情绪上的混乱与挣扎，尤其是当你家的孩子开始经历身体发育，一听到电视上的色情笑话就咯咯笑的时候。关于青春期的书籍、文章、博客和电视节目，即便是近十年内的作品，都早已被时代所淘汰，因为每一代青少年都会受到他们所处时代热点事件和社会发展趋势的高度影响。现如今，科技和社交媒体正以非同寻常的速度影响着当代青少年，而作为父母的我们，则肩负着指导孩子们积极转化这类影响的教育重任。

　　所以阅读本书的意义何在呢？也许你8岁的孩子执拗又固执，连她的老师都半开玩笑地说："我真想不到她十几岁的时候会是什么样子。"也许你12岁的孩子已经有6个星期和你之间没有任何眼神交流了，而且他的房间闻起来就像沙鼠笼子的底部一般臭气熏天。也许你16岁的孩子总尖声叫嚷着，又摔门而去："妈妈，我才不在乎上不上大学，SAT考试（美国高考）简直太愚蠢了！"也许你20岁的孩子又辞掉了手头上的工作，而且他的胡子上还隐约沾有烟草的味道。

总有那么一些事情，会令家长们感到焦头烂额。家长可能会因为孩子的成长而感到担忧，可能会对自己的教育方式感到不自信，也有可能会因为青春期这一阶段的特殊性而感到茫然无助，又或是已经深陷青春期的泥沼之中，急需专业人士的援助。以上这些窘境并非夸大之言，情况糟糕时家长们甚至会面临双重甚至是多重窘境。

值得庆幸的是，你并不是孤立无援的。因为几乎所有青春期孩子的父母都想让时间停止，好让孩子不再长大，更想将这些孩子和他们的脏衣服一股脑送到太空去，眼不见为净。家长们终究会渡过这个难关，因为时间总能抹平一切，青少年们会慢慢长大，到时候他们自然就会从原生家庭中独立出去，寻找自己新的室友，组建新的家庭。

我为什么笃定你可以渡过这个难关呢？因为我不仅拥有学校心理学[①]的硕士和博士学位，在读研究生期间，我还接受过儿童、青少年和家庭咨询方面的培训。作为一名学校心理学专

[①] 学校心理学是心理学的应用分支，主要研究如何在学校中进行必要的心理教育评估，及如何进行心理教育干预。

家，我工作经验丰富，在大学里也有相关授课经验。2011年，我正式成为一名医生，开始为儿童和青少年的家长们提供辅导和咨询服务，并帮助孩子们处理社交、情感或行为问题。前来咨询的孩子通常有不尊重人、攻击性强、焦虑烦躁、容易陷入悲伤情绪或缺乏自律等问题。我与孩子们的父母共同努力，协助他们营造健康和谐的家庭氛围，并使得他们的孩子们进一步提高自我适应力，改善孩子们在社交、情感等方面的行为。

在工作中，我遇到很多父母，他们的孩子正处于从儿童向成年人转变的过渡期，得益于这些工作经历，我也能更好地养育自己的孩子。我养育了6个孩子，他们中有些还不满13岁，有些正值青春期，还有几个孩子正处于成年初显期。"生母"和"继母"的双重身份，以及养育这些孩子的经历都极大地影响了我的个人教养观点。

在这本书中，我们将探讨孩子们是如何从相对稳定的童年晚期逐步走向青春期的高峰和低谷，以及孩子们对成年初显期的好奇与探索。我们将了解孩子的情绪变化，以及他们的大脑是如何与身体一起发育成长的。青春期的孩子们往往会在逻辑思维方面有着长足的进步，除此之外，他们还会产生性冲动，并且热爱冒险，甚至是沉溺于叛逆行为带来的愉悦感中。这些不同寻常的变化，都与青春期的大脑发育有着密切联系。因此，本书还将向大家具体阐述有关青少年大脑科学的最新研究成果。我们还会将社会发展的各个阶段与父母和孩子的切身经历相结合，从而制订出行之有效的青春期家长指南。

本书还会列出一系列的解决方案，这些方案可以帮助你解决平日里与孩子间的小纠纷，同时还能维系你与孩子间的关系。书中所给出的任何建议都已经历现实生活的考验，并且皆在我的工作中及我作为父母的个人生活中得到了有效应用。我总是告诫前来咨询的父母，育儿问题不能仅是纸上谈兵，而是要在离开诊室后，将学习到的教育理论灵活运用到日常生活之中。

我也将在本书中向大家分享我的"独门秘诀"，以帮助各位父母弄清应该如何处理那些棘手的突发状况。本书还设有"试试这样说"的情景演练，以帮助大家将日常沟通从语言层面升华至情感层面。而在"施以管束还是放任自流"这一模块中，我将帮助你根据不同的现实情况，做出是否要管束孩子的决定。

如果想要孩子能够安全地探索青春期的奥秘，从错误中汲取经验教训，并建立起健全的自我意识，那么家长就要掌握好家庭教养中"引导"和"保护"之间的微妙平衡。然而保持绝佳的平衡是极为困难的事，所以偶有失误，也实属常事。此时，不如多听听他人的建议，也许会给我们带来新的灵感。

有一点我不得不承认，那就是父母才是最了解自己孩子的人。这本书就好比一个工具箱，每条建议都是一件工具，而每个家庭需要的工具又不尽相同。所以在阅读本指南时，如果你感觉有些建议并不恰当，又或是并不适合自己的孩子，那么请您不要在意，大胆地略过它，然后继续看下一条建议就好。

关于本书中的语言表述与注意事项

本书以"父母/家长"一词来指代任何照顾孩子的人，用"你的孩子""你的青少年"或"你的少年"等来指代读者所照顾的孩子。之所以这样写，是因为本书是基于"父母远不是唯一抚养和照顾孩子的人"的观点而创作的。继父母、祖父母、外祖父母、姨姑舅叔伯、兄弟姐妹，以及其他任何照顾孩子的人都可以爱护、照顾、指导和支持青少年。本书中所提的建议尊重所有类型的家庭，任何养育至亲的人都可以阅读、使用此书。

目 录
CONTENTS

第 1 章　童年晚期：也依旧可爱

（多发生在 8~9 岁）

青春期究竟是什么 / 005

青春期的各个阶段 / 009

别不当回事儿——这是科学！/ 011

噢！情绪！/ 014

第 2 章　青春期早期：可爱中带点粗鲁

（多发生在 10~12 岁）

青春期早期的孩子的特征 / 021

青春期早期的孩子可能出现的行为 / 025

第 3 章　青春期中期：有一些可爱，更多的是青春期里的烦恼

（多发生在 12~14 岁）

青春期中期的孩子的特征 / 063

青春期中期的孩子可能出现的行为 / 067

第 4 章　青春期晚期：关于性的世界

（多发生在 15~18 岁）

青春期晚期的孩子的特征 / 107

青春期晚期的孩子可能出现的行为 / 111

第5章 成年初显期：或许也是雏鸟离巢的好时机
（多发生在19~25岁）

成年初显期的孩子的特征 / 155

成年初显期的孩子可能出现的行为 / 158

第 1 章
童年晚期：也依旧可爱

（多发生在 8~9 岁）

我：我们的孩子真可爱。

丈夫：就是闻起来有些臭。

　　如果你的孩子正处于八九岁的年纪，那你一定会觉得"青春期"这个词还很遥远。你和孩子之间的相处模式和以前相比似乎并没有什么不同之处。坐在沙发上时，孩子们还是会黏着你撒娇，自然地拥抱你、亲近你，他们还是和往常一样与你分享生活中几乎每一件小事。你可以轻而易举地知晓孩子们所有的小心思。然而，尽管他们不论是在外貌上还是在心理上都表现得像个小孩子，但实际上这些孩子正处于青春期的边缘。

　　不久后，你的孩子将开始在身体、情感和社交等方面步入青春期的阶段。刚开始，孩子们会遇到青春期的身体发育和突如其来的情绪波动。逐渐地，孩子们就要开始应对社交压力、尝试冒险行为、发展身份认同，甚至还会经历"叛逆"时期。与青春期的孩子相处常有欢声笑语，但也会有沟通不畅或令人困惑沮丧的时刻，这些恼人的时刻短则几天，长则数周。对于家长和孩子而言，青春期总是充满了变数。所以，提前做好相关的功课，打有准备之"仗"，还是相当有必要的。

青春期究竟是什么

简而言之，青春期是一个变化的时期。你的孩子正处于童年和成年之间的过渡期。在这漫长的过渡期中，他们会陷入一种迷茫困惑且不连贯的负面情绪中。虽然青春期在每个孩子身上的表现都不尽相同，但大部分的青少年都会在这个时期因为自身荷尔蒙的变化而迎来月经初潮或射精，这时的青少年身体已经成长得与成年人十分相似。然而，应该注意的是，人类大脑中具有判断、分析和思考功能的前额叶皮层要到20多岁才能完成发育，这就意味着尽管你的"大孩子"可能有着成年人的身体外观，也需要担负成年人的责任，但实际上此时的他们可能并没有成熟的辨识能力。

青春期是由发育期的身体变化引发的。在青春期刚开始时，孩子们的身体会经历一系列由激素引起的变化，看似悄无声息，实则正在你那可爱的8岁大的孩子体内悄悄酝酿着。而且这场酝酿很快就会爆发出明显的变化，如体重的迅速增加和身高的突然增长。男孩会长出更多的肌肉，女孩则会积累更多的脂肪，他们的腿部和阴部的毛发也会开始逐一萌发。男孩在这一时期会出现肌肉质量增加、运动量增大等现象，运动技能也会随之增强，所以青春期时的女孩和男孩很难在运动上势均力敌。在青春期里，青春痘是大家永远的痛处，而"手淫"这个词也会闯入孩子们的认知中，并成为一个敏感的话题。

  当然，除了生理上的变化，青春期里的孩子们也少不了情绪上的波动。回顾整个青春期，你会发现孩子的情绪似乎总是来得快、去得也快，就好比我的女儿，她曾因清洁用品广告中的父女关系而大哭了一场。你的孩子可能会因为青春期的情绪波动而紧紧抱住你，向你寻求安慰。这时的你应该擦干他们的眼泪，并告诉他们"爸爸妈妈会永远爱你"，他们仍然是你的宝贝。而在与正值青春期的孩子相处中，更常见的是在你敲开孩子们的卧室门，告诉他们晚餐已经准备好时，他们却对你咆哮。那时的你便会想，这样糟心的日子什么时候是个头，自己到底还有多久才能结束对他们的抚养义务。虽然情绪的波动总是令人恼怒且难以预料，但我们不得不承认这些情绪爆发对成长中的青少年是有益处的。所以家长更应该找个合适的时机与孩子沟通，给孩子解释青春期情绪波动的缘由。我们也会在本书随后的章节中针对这些情况提出解决办法。

在社交方面,青少年可能会遭受现实的重创。他们一方面想要合群,想要得到同龄人的认可,另一方面也想保持自身的独特性和个性。有些时候,他们会感到自己被群体所接受、被他人所欣赏且十分具有吸引力;而有些时候,他们又会对自己产生负面的想法,并认为其他人也会这样想自己。这些孩子们的朋友大多是同龄人,而这些几乎同时处于青春期的孩子们很有可能会因此而相互攻击。这些孩子都正在社交的海洋中奋力挣扎着,好让自己可以浮出水面大口呼吸,也正因此,他们才无法顾及同样身处窘境的好友,无法向他们伸出援手。

此外,社交媒体裹挟袭来的洪流和与之而来的"错失恐惧症"也可能会使他们很难与成年人、同龄人和恋人之间建立起健康的关系。在约会、性和网络世界中扮演的角色等方面,青少年与他们的父母有着截然相反的看法。在某种程度上,我们需要摈弃世俗的眼光,尝试着去接受它,甚至是拥抱它。

最后要提的一点就是认知问题,大部分青春期的孩子们在认知方面都会产生些许的变化。这些变化使得孩子们在聪明机灵和缺乏常识这两个极端之间反复游荡,给父母们带来了不小的困扰。试想一下,你的孩子们会在你开车时滔滔不绝地大谈关于杀人鲨的 1473 个有趣的事实,却会忘记在烤好奶酪后关掉炉子,这样的极端差距难道不令父母感到头疼吗?孩子们的认知能力会随着时间的推移而提高，但也会根据实际情况的变化而有所波动。

然而不幸的是，社会似乎总是给青春期贴上负面的标签，将其视为洪水猛兽。"创伤、不安、叛逆"，人们总是将这些词与青春期画上等号，而孩子们对青春期的最初印象也深受社会环境的影响。有一次，我十几岁的继子跺着脚离开了房间，而我7岁的儿子正在厨房的桌子上画画，他想了一会儿后故作深沉地告诉我："妈妈，哥哥可能是到了青春期了，他不是故意这样的。"有些孩子可能会因为青春期而深陷泥泞，做出错误的选择、容易沉溺上瘾甚至是患上精神疾病，但实际上这样的悲剧并不会发生在所有孩子的身上。研究表明，仅有15%至20%的青少年会因青春期的负面影响而误入歧途。青春期的负面影响十分常见，但并非像媒体所说的那般普遍、严重，我们需要做的就是时刻关注孩子的需求，积极回应和主动关心孩子。青春期是每个孩子都会经历的一段时期，孩子有情绪上的波动也实属正常，而家长的教养方式则会极大影响孩子以何种方式度过这一重要时期。所以，父母们不应被媒体的言论左右，要相信这一切都会好起来的。陪孩子走过青春期的过程可能充满了痛苦与枯燥，甚至会让父母愁白了头，但是我们要相信，坚持就是胜利！

青春期的各个阶段

青春期分为4个阶段：青春期早期、青春期中期、青春期晚期和成年初显期。青春期早期一般发生在10~12岁，这一阶段孩子的状态皆是由他们的性格和他们对青春期先入为主的观念塑造而成的。所以在父母向孩子传递有关青春期的信息时，孩子们往往会将自己代入预设的情景中，并体现在自己的日常行为中，尤其是像"青春期时的你会变得喜怒无常"或"你马上就要变成青春期里的疯小子了"这样的话语。不满13岁的青少年们可能会有撒谎、逃避和不断试探父母底线的行为。这些行为极有可能造成父母与孩子之间气氛紧张，让孩子觉得家里总是纷争不断。

青春期中期，介于12~14岁之间，恰好是孩子们读初中的年纪。青春期的特征在中期这一阶段得以完全显现，具体表现在因身体和情绪的变化所导致的冲动行为、对性的好奇,以及从家庭关系向社会关系的转变。与此同时,学校对孩子的组织能力和任务完成能力的要求越来越高。科技和社交媒体开始取代孩子们的其他兴趣。

青春期晚期,介于15~18岁之间,多发生在高中时期。这一时期的青少年,他们的身体更接近成年人,但他们的前额叶皮层尚未发育完全,所以他们依旧有着热衷冒险、情绪反应强烈和其他典型的青春期行为。对父母来说,这是一个压力特别大的时期,因为他们观察到孩子们正试图独立做出自以为正确的决定。尽管这一时期的青少年已经有了成年人的身体,也拥有了一定的自我管控能力,但是他们的大脑在做出选择时还是更倾向于一时的冲动。这个阶段的青少年不仅行事鲁莽,他们对爱情也抱有很大憧憬,因此他们需要学习如何在恋爱关系中保护自己。

成年初显期,介于高中毕业到20多岁之间,是青少年和成年人之间的最后一道屏障。"探索"是这一阶段的主要命题,这时大多数年轻人开始考虑他们的未来,并对他们的成人生活做出选择。教育、工作、人际关系、生活环境和休闲活动为身处这一时期的年轻人提供了源源不断的灵感,因此这些年轻人不仅要弄清楚他们的激情所在,同时也要担起身为成年人应承担的责任。在这一时期,父母与子女的关系往往变得更加平和,甚至可以发展成一种近乎友谊的关系。

别不当回事儿——这是科学！

孩子们的大脑要到 20 多岁才能发挥出最大的潜能。这就意味着，即使他们已经穿上了 46 码的鞋、可以在雪地里开车，并且能够解答微积分题目，但他们在认知方面还并不成熟，仍有很大的成长空间。

我们的大脑十分复杂，由大约 1000 亿个被称为神经元的神经细胞组成，这些神经细胞形成网络，并以恒定的速率相互交流。神经元向我们的身体发出信息，并使其做出相应的反应。事实上，我们的人脑生来就具备数量庞大的神经元，一旦我们的身体掌握了一系列功能任务，比如说话和走路，我们的大脑就会清除多余的神经元，以便为活跃的、急需的神经元腾出足够的发展空间。

神经可塑性，是青少年大脑发育的显著特点之一。年轻的大脑会根据它们所受到的刺激而改变，以寻求从每一次新的学习经历中获益。例如，在童年时期，如果父母送孩子去上钢琴课，带孩子去看歌剧，并且经常在车上播放音乐，孩子大脑中的"音乐神经元"就会在多重刺激下蓬勃发展。与之相反，如果他们在孩子6个月大的时候就开始让孩子独自成长在黑暗的房间里，与世隔绝，那么孩子大脑的神经元就会因为刺激不足而发育不良，从而导致孩子语言能力和视力都远低于正常水平，甚至会造成无法挽回的永久性损伤。

环境因素无疑对儿童的成长发育起着至关重要的作用，尤其是儿童在哭泣时是否得到了照顾，在年幼时是否及时接触到语言和读写方面的熏陶，以及其是否经历过身体上的创伤，如头部受伤或有毒化学物质的误触等。然而，我们从儿童和青少年身上看到的大部分行为，并非由外部环境因素所造成，而是由孩子的基因构成和大脑发育所决定的。

值得高兴的是，我们可以通过人为干预极大程度地促进孩子的大脑发育。而还有一个坏消息是，当孩子处于青春期时，他们在推理、情绪调节和抑制冲动等方面能力的好坏完全是靠运气决定的，根本上还是取决于他们哪一方面的神经元发展得足够好，可以在任何环境下都能发挥作用。

以下是关于大脑发育的有趣知识，这可能会帮助你对未来的岁月有更多了解：

- 人的大脑会在近 30 岁的时候开始丧失一部分记忆功能。
- 随着年龄的增长,人的大脑会变得越来越小。
- 人的大脑大约有 75% 是由水组成的,所以即使是轻度的脱水也会损害大脑功能。

噢！情绪！

虽然青少年在青春期会经历无数次情感上的大起大落，但我认为相比之下更重要的，是要关注父母们在孩子成长时的情感变化。要知道，见证你的孩子从一个扎着马尾辫的小女孩蜕变为一个年轻的女人是十分困难的事。她会在约会前精心打扮自己，而这个约会对象则极有可能成为你与孩子间讨论有关避孕话题的导火索。有时，对父母而言，与孩子分离也是一种心理上的伤痛，因为我们知道孩子们可能会受伤、会感到孤独、会在他们进入成年后的某个窘迫时刻向我们求助。他们可能会在很多事情上饱受挫折，例如考试失败、人际关系混乱，甚至是无法准时出席重要场合等小事。一想到这些，父母们难免会感到悲伤，因为他们很难想象之前那么善良可爱的孩子会变成如今这副模样。青春期的孩子们暴躁易怒、叛逆乖张，还总是一副虚张声势的模样。可实际上，他们只是自以为自己很厉害罢了——这也是青春期孩子大脑的另一个缺陷。

同样需要注意的是，在青少年准备从家庭中独立出去的时候，他们并不能理解父母的心路历程。因为在青少年现有的认知框架中，他们无法对父母的矛盾心理做出解释。这就是为什么孩子们会将父母的关心视作对他们个人隐私和自主权的冒犯，甚至会在父母因此感到困惑、悲伤时，表现出极度的不耐烦和不理解。

所以父母们非常有必要学会"自我疗愈"，因为青春期的孩子们很难与父母的痛苦产生共情，更别提去理解父母了。

但在你的孩子年纪尚小的时候，他们仍然喜欢和你亲近、和你说话，并且会乖乖穿上你为他们挑选的衣服。所以好好享受这段时光吧！父母应该多花些时间去欣赏孩子们的兴趣，无论是陪他们磕磕绊绊地玩电子游戏、观看网络上的萌宠视频，还是惊叹于他们一次又一次地跳进游泳池，又或是让他们在厨房里打打下手。因为在这一年龄段里，父母与孩子一起培养的兴趣与习惯，可能会在他们的青少年时期里继续延续下去。等青春期真正到来时，所有你想要孩子们培养的新习惯都会令他们心生抵触。

第 2 章

青春期早期：可爱中带点粗鲁

（多发生在 10~12 岁）

10岁大的儿子（指着自己脚趾上孤零零的毛发）说：妈妈！快瞧！我进入青春期了！

我：我想我们需要谈谈什么是青春期，不如就先从不要把脚毛当作青春期开始吧。

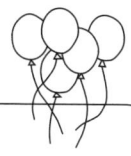

青春期早期通常发生在10~12岁之间。在这一时期，家长和孩子的经历，会因为家庭环境的不同而产生巨大的差异。有些孩子会过得很轻松，因为他们所接受的家庭教育使得他们能够大方地接受自己的身体所发生的变化，面对同龄人的失误也能宽容以待。他们还会将家庭视为"避风港"，在他们感到沮丧、悲伤或担忧时主动寻求家庭的慰藉。而有些孩子在青春期时，则会变得暴躁易怒，他们的社交关系也会发生诸多变化。在这样的情况下，这些孩子极有可能做出一系列令人费解的举动，例如消极地自言自语、逃避压力和困难。

面对青春期的惯常变化，这两类孩子有着截然相反的态度，其中的差异主要还是由以下两点所致。

1. 孩子的性格。如果你的孩子在青春期里总是苦苦挣扎，例如，在面对高压状况时，孩子会有睡眠问题或饮食习惯上的变化；而在低压环境中，孩子的情绪也会时常不稳定，又或是孩子本身就是"半杯空"的悲观主义者，那么这类孩子在面对青春期的不确定性时，极有可能产生更强烈、更消极的反应。如果他们可以冷静对待青春期的变化，可以在情绪爆发之前有条理地表达自我，并且可以理智对待同伴们反复无常的表现，那么在青春期早期阶段的这几年里，孩子将大大减少情绪上的波动。

2. 父母在孩子青春期开始时的反应。有些父母会表现得十分慌乱。这类父母会开始不停地谈论青春期，还会向孩子分享一些青春期的"反面案例"，例如，"我像你这么大的时候，在数学课上不小心将经血染在了裤子上，从那以后班上的同学就一直喊我'月经帕蒂'，直到毕业才算结束"。不仅如此，这类父母笃定自己的孩子会在青春期里经历漫长又剧烈的情绪波动。虽然他们的所作所为是为了缓解孩子的担忧，可实际上却在无形中加剧了孩子对青春期的焦虑感。不巧的是，在青春期这一特殊阶段里，孩子免不了要和父母朝夕相处，所以这也加剧了父母和孩子间的紧张局面。然而，还有些父母与前文所提到的"慌乱型"父母不同，他们会在日常的对话中潜移默化地将青春期的正向内容传递给孩子，却又不至于引起孩子的过多关注。他们也会花时间倾听孩子的想法，向孩子展现出"我们会一起克服困难"的态度，并告诉孩子犯错并不可怕，因为这是在所难免的事。这种教育方式可以有效降低孩子对青春期的焦虑感。

不管你认为你的孩子会如何看待他们即将发生的改变，都应该在他们开始改变之前让他们了解这一切。针对孩子在青春期里的惯常变化，家长可以适当给出一些应对策略。例如找到与孩子讨论"性"话题的时机，父母们与其等到孩子们对性产生羞耻感时再做讨论，不如提前给孩子做好性教育，及时普及性知识。

青春期早期的孩子的特征

孩子们在青春期早期会经历巨大的变化。虽然孩子们的成长速度不同,但在 10~12 岁的年龄段,孩子们会有一些典型的特征。

生理方面

大脑中的荷尔蒙变化预示着青春期的开始。女孩的青春期体征比男孩大约要早 1~2 年出现,通常表现为曲线型的身材,体毛发育和月经初潮。在这个阶段,男孩的身高不太可能显著增加,但可能会产生体臭,他们的鞋码也会迅速增大。青少年早期的打扮习惯是多种多样的。一些青春期早期的孩子会有意模仿成年人的打扮习惯,比如喷古龙水或化妆;而另一些孩子则与之相反,他们需要被催着一周洗两次澡。这个年龄段的青少年仍然可以享受9~11个小时的睡眠，但他们的就寝时间可能会自然而然地推迟。

情感方面

在青春期早期，孩子的自尊心或自我价值感普遍呈下降趋势。虽然青春期早期的孩子通常只关注自己擅长的事，但他们也越来越关注同龄人对自己的评价。对于成长，他们表现出矛盾的心理。他们有时可能急于体验长大带来的乐趣，例如使用手机或短时间内独自待在家里，但有时也会做出更成熟的事情，比如自主学习或是在父母回家前准备晚饭。青春期早期的孩子对批评十分敏感，可能仍会有经常性的情绪爆发，包括哭泣、叫喊。这个年龄段的青少年还有着强烈的正义感，认为公平意味着平等，当他们输掉比赛或游戏时，要竭力克制自己才能保持平静。

社交方面

青春期早期的孩子在交朋友上更倾向于结交同性玩伴，因为与异性相处时间越长，那么来自同龄人的"喜欢他/她"的调侃也会越严重。大多数时候，这个年龄段的孩子对自己在同龄人面前的行为表现得异常在意，并且学会了如何控制情绪的爆发。令父母感到失望的是，这个年龄段的孩子对在公众场合向父母表示爱意这件事，已经有了自我意识。虽然这时的孩子仍然非常关注家庭，但他们更倾向于和朋友一起参加活动，并会表现出想要"受欢迎"的愿望。对通过社交媒体、直播视频、游戏和课外活动进行的社交互动，孩子也会越来越感兴趣，并逐渐产生依赖心理。

青春期早期的重要注意事项

有些孩子的青春期比同龄人要来得更早一些。一些女孩可能在四、五年级的时候就来例假了，可能会比同龄女孩更早长粉刺，乳房发育也会提前。青春期提前的男孩在四、五年级的时候可能会发育出更宽厚的肩膀、沙哑的声音和一小撮胡须。

事实上，对男孩来说，早熟通常是一种积极的经历。身高和体重的增加可以提高男孩的运动能力，使他们的体格更接近于早熟的女性同龄人。男孩早熟的种种迹象都可以提升他们的受欢迎程度和自尊心。相比之下，早熟的女孩则更有可能与其他处于青春期同一阶段的年轻人交往，这可能会让她们接触到"大孩子"的不良行为，如饮酒、吸烟和性行为。发育尚不完全的前额皮质和发育成熟的身体可能是一个灾难性的组合，这大大提升了孩子们冲动、考虑不周的行为发生的可能性。早熟的女孩更容易经历自卑、羞愧、焦虑和抑郁的负面情绪，尤其是那些来自家教严苛或放任不管的家庭的女孩。父母应提高警惕，要注意孩子是否会消极地自言自语，是否受到大孩子的排挤，是否感到悲伤，是否放弃了之前喜爱的活动，或者是否会进行秘密的网络活动。针对早熟的女孩，父母应给予密切的关注，要倾听孩子的心声，主动关心孩子，要投入大量的时间与孩子沟通，并为她们创造与同龄人的社交机会。

青春期早期的孩子可能出现的行为

青春期早期通常指从小学毕业到进入初中的过渡期，这对孩子来说是一个会发生重大变化的时期。在学校里，孩子们有更多培养自身独立性的机会，他们需要学会面对不同性格的老师，并努力实现长辈们的期望。此外，他们还要学会使用电子设备来学习、与他们的朋友保持联系。在这一时期，孩子们的社会生活需求被放大，他们想要融入社会的渴望变得愈发强烈。如果他们养成了与同龄人互相攀比的习惯，则可能会对他们自尊心的发展产生极大的影响。在孩子的社交生活上，父母要逐渐交出自己的掌控权，这个阶段父母的任务是教孩子如何肩负起应负的责任以及如何独立，并为孩子未来的成长打下基础。

这是一个艰难的时期，因为作为父母，我们常常不知道该如何应对。当青春期早期的孩子犯错时，父母是否应该因为他们正在学习和成长而表现出同情，并为他们留下回旋的余地？或者，我们是否应该担心，如果让孩子认为他们的行为是可以被接受的，就会助长他们更多麻烦的行为？以下举例是青春期早期父母所面临的最常见的几个问题，以及如何解决这些问题的建议。

不诚实行为

在我遇到的家庭中，当孩子出现如撒谎、欺骗或隐瞒等不诚实行为，甚至将这类行为化作自身的习惯性行为时，他们的父母都表现得极其痛苦。因为父母们通常都会把这类不诚实的行为放大，认为他们的孩子有明显的性格缺陷，认为自己是失败的父母，甚至认为自己的孩子注定会走上违法犯罪的道路，并最终锒铛入狱。但这些事未必真的会发生。

◆ 为什么孩子们总是撒谎

孩子们撒谎的原因有很多，主要有以下几点：

1. **为了避免陷入麻烦**：他们可能会否认自己弄坏了笔记本电脑。

2. **为了避免不愉快的事情**：他们可能会为了避免父母的唠叨或与同伴间的尴尬互动而撒谎。

3. **为了避免羞耻或尴尬**：他们可能会隐瞒健康问题，或者避免透露自己不擅长的事情。

4. 为了保护隐私或保守秘密：他们可能会删除短信或拒绝参与社交活动。

5. 为了维持自己在他人心中的形象：他们可能会希望表现得聪明、成功，希望受人欢迎，以维护他们的自尊，或避免有人对他们感到失望。

6. 为了安全感：为了保护自己的安全，他们可能会撒谎说"我妈妈正在来接我"或"我爸爸不让我去"。

提及孩子时，我们往往会把他们分为两类：撒谎的孩子和诚实的孩子。但实际上，撒谎是一种极其复杂的交流方式，并且在现实生活中没有人可以被简单地分类。有些时候，谎言是胜于真话的，比如当奶奶问孩子是否喜欢她送的那件看起来有些傻并印有"在坦帕有深爱着我的人"的运动衫时，一句"它太可爱了！"又何尝不是善意的谎言呢。

但是有时撒谎也是危险的举动，是卑鄙的行为，甚至会给人带来永久的伤痛。恶意的谎言包括：否认自己有过不安全行为；误导某人使其心怀恶意（告诉朋友学校里的每个人都讨厌她），等等。

做一个成熟的人往往需要学会延迟满足：要忍受一件事过程中的艰辛与困苦，并坚信一切终有回报。但对于青春期到来前和正处于青春期的孩子来说，他们很难学会享受延迟满足。他们不想停下正在玩的电子游戏去学习或去刷牙，所以他们会选择撒谎，说他们已经完成了作业或已经刷过牙了。我们应和孩子多加探讨撒谎的复杂性和诚实的重要性，并引导孩子在现实生活中做出改变。

◆ 我们应该如何引导青春期早期的孩子正确理解不诚实的行为

没有万能的方法可以用来解决注定要发生的事情。理想情况下，父母应该就撒谎与诚实这一问题与孩子进行持续性讨论，因为孩子需要大量的理论支持才能逐渐理解二者之间的细微差别。制订一个"永远不要撒谎"或"所有的谎言都是不好的"的家庭规则是极其不现实的想法，因为在某些情况下，父母也难免会说出善意的谎言。所以，从诚实和为自己的行为负责的角度来讨论撒谎，会对孩子的成长更有帮助。

我们还应该认识到，撒谎在我们的社会中是一种非常正常且普遍的行为。人们通常认为，如果撒谎的行为对最终的结果有积极的影响，那么撒谎即合理。而且几乎每一个电视节目，甚至是那些专为孩子们设计的节目，其中都或多或少包含某些"谎言"。鉴于这一现实情况，我们非常有必要在家里设定一个关于撒谎的判定标准。这意味着在孩子发现父母撒谎时，父母需要就自己的撒谎行为做出反思和讨论，并解释它是否符合之前设定的家庭标准。

当你发现孩子撒谎时，你可以这样做：

1. 保持冷静。

在一场与孩子有关的讨论中，如果你失去冷静，或者拒绝听孩子对真相的解释，那么你将无法从这场讨论中得到真正有用的信息。

2. 要认识到真相可能不止一个版本。

就同一件事而言，你可能会和你的孩子有不同的解释，因为你有一个成熟的大脑，了解更多的信息，也有更好的情绪管理能力。在与前来咨询的父母沟通时，我发现，父母和孩子对撒谎行为的看法并不总是一致的。如果双方在对事件的看法上都难以达成一致，那么也就很难找到解决问题的办法。

3. 不要以为孩子知道自己为什么而撒谎。

你的孩子可能并没有自我反思的能力，他们的谎言可能只是脱口而出，并非事先考虑的。所以如果你问孩子为什么撒谎，他们极有可能会真诚地回答你："我不知道。"

4. 不要把撒谎当成是针对你个人的行为。

孩子撒谎不是针对你个人的行为，若不明确这一点可能会让你觉得自己是失败的父母。撒谎的确是有目的的，但这个目的通常与你无关。

5. 在孩子承认错误时，应做好语言上的引导。

我们经常告诉孩子们不要撒谎，因为我们总是说："你可以告诉我任何事情。"但我们却从不教导孩子们该用什么样的态度来承认错误，所以孩子们就会选择撒谎。这样一来，父母的焦点仅会转移到孩子的撒谎行为上，而忽视了孩子所犯的错误本身。所以在事情发生后，我们可以尝试进行"情景再现"。此时的父母可以和孩子互换角色，由父母扮演孩子，以孩子的口吻和恰当的语言引导孩子承认错误，再由孩子扮演父母，让他们描绘出他们心中所希望父母回应自己的样子。

父母：我是不是问过你有没有擅自使用我的手机，对吗？我察觉到你用了我的手机，是因为我发现手机屏幕碎了，对吗？但是你却说自己没有用过我的手机，这样做是不对的。

孩子：嗯。

父母：好吧，现在我们角色互换，你是我，我是你。我们再来一次，不要撒谎。

孩子：好吧。

父母（扮演孩子）：妈妈，我犯了很严重的错误，你一定会生我的气的。

孩子（扮演父母）：你做了什么？

父母（扮演孩子）：我未经允许就擅自使用了你的手机。

而且我还不小心把它掉在了地上，摔碎了屏幕。妈妈，对不起！

孩子（扮演父母）：噢，不！我早就跟你说过，让你别用我的手机。你真是太让人生气了！

父母（扮演孩子）：我知道错了。真的很对不起，妈妈。我不是有意摔碎它的。

孩子（扮演父母）：我很高兴你告诉了我真相，也很高兴你向我道歉了。不过换新屏幕的钱可能得由你来付了，而且我还是觉得很难过。

6. 给出合理的处理办法。

如果孩子撒谎的理由是站不住脚的，那么就应该跟孩子讲明你的道理，说清楚到底应该怎样做才是对的，并针对撒谎这个行为给出合理的处理办法。举个例子，如果孩子在做家庭作业的问题上撒谎，那么父母就为孩子定下规矩，每天都让孩子在餐桌上写作业，只有写完作业他们才可以使用电子设备，并且还要定期向老师了解他们的成绩。

7. 少一些问题，多一些实证。

如果你的孩子会习惯性撒谎，那么父母就应该减少询问的时间，针对眼前的状况做一个简单的评估，并给出明确的指令。与其问他们是否倒了垃圾，不如直接检查垃圾还在不在家里。如果他们没有倒垃圾，那就指示他们去做。你可以告诉孩子如果不这样做的后果是什么，例如，不倒垃圾，晚上就别想玩游戏，这样一来孩子就会有危机意识，从而愿意去完成你的指示。

8. 理解孩子为什么撒谎。

孩子撒谎的一个主要原因是，大人们已经为他们撒谎做好了铺垫。当父母问孩子是否完成了某件事时，即使他们经过思考与权衡，也还是会选择撒谎，因为这样做通常能帮助他们从父母那儿逃过一次惩罚。父母可能会指责孩子撒谎，而这将引起孩子与父母的对抗，并最终以痛苦收场。事实上，我们应该做的是努力避免孩子因诱惑而撒谎。

妈妈（使用家庭 GPS 定位程序发现儿子在 15 分钟车程外的朋友家，但她已经事先要求过儿子在 10 分钟内回家吃晚饭）：*嘿，小兄弟。我从 GPS 上看到你还没在回家的路上。希望你 6 点可以到家。*

儿子：*噢，不！我玩游戏时忘记了时间。我会在 5 分钟内收拾好东西马上回家。我会尽快回去的，但是我觉得至少会迟到 10 分钟。对不起，妈妈。*

妈妈：*没关系，一会儿见。等你到家的时候，我们会想出一个让你永远都不会忘记回家时间的好法子。*

儿子：*噢！我这就出发！*

◆ 试试这样说

在这个场景中，妈妈平静地让她的儿子知道，她清楚他要迟到了，并鼓励他遵守她的新指令（现在回家）。妈妈集中精力帮助儿子避免犯同样的错误，而不是惩罚他。妈妈还优雅地接受了孩子的道歉，要知道，这对父母来说无异于另一个挑战。以下是关于如何促进父母和青春期早期孩子之间真诚沟通的一些建议：

试试这样说	不要这样说
我想问你一个问题，我希望你能诚实地回答。不要着急，好好想想再回答。	到底发生了什么？等我查出是谁干的，那他可就没有好果子吃了！
我希望你可以说实话。我会尽量保持冷静，但我不能保证不会生气或失望。	你可以实话实说，你知道的，我怎么会生你的气呢？
让我们从头再捋一遍。我已经知道发生了什么事，所以请不要撒谎。	你这个骗子！没有人会喜欢你，更没有人会相信你！

从前我怎样跟孩子说？

_____

_____

_____

以后我要怎样跟孩子说？
_____
_____
_____
_____
_____

◆ 阅读心得

我的孩子遇到过哪些类似的问题？
_____
_____
_____
_____
_____

我之前是怎样做的？
_____
_____
_____
_____

今后我可以怎样做？
_____
_____
_____
_____

试探父母的底线

试探父母的底线，或抵制父母所建立的界限或规则，是孩子成长中的一个重要过程。事实上，大多数父母与青春期早期的孩子之间的冲突都源于日常规则和关于琐碎事件（例如：家务、宵禁、就寝时间、电子设备）的争论，而不是更大的话题（例如：安全或整体价值观）。所以，当孩子有试探父母底线的念头时，这通常意味着父母需要修改他们之前定下的界限，以更好地适应孩子的发展。

◆ 为什么青春期早期的孩子会试探父母底线

孩子试探父母底线的行为虽然会让父母感到沮丧，但这却是孩子的适龄行为。处于青春期早期的孩子想要获得更多的自由，好让他们花更多的时间和他们的同龄人待在一起，所以他们会对父母在他们小时候所建立的界限与规定表示抗议。如果父母双方能迅速且一致地应对孩子试探底线的行为，并能够充分理解孩子的所作所为，那么孩子的这种行为往往会保持在安全、可控的范围内。

根据我的经验，有以下 3 种现象可以预测孩子是否会发展出长期的试探底线行为：

1. 父母与孩子沟通不畅。

父母与孩子间缺少沟通，可能是父母对孩子唠叨、说教或威胁所导致的后果。如果孩子没有得到自己想要的结果，他们就会开始大喊大叫，然后迅速由叫嚷发展到言语上的不尊重。父母可能会这样说：

"你怎么了？"

"怎么别人家的孩子都能做到，就你不行？"

"我小时候可不像你这样。"

"没你说话的份儿，就按我说的做！"

"你可真烦人。"

"少在我眼前晃悠!"

"我也不知道该拿你怎么办了。"

"很好。你以后就去和你爸爸/祖父母住吧。"

有些人可能会觉得这些话令人震惊,而有些人可能会沮丧地点头,仿佛听到自己说这些话时的声音。虽然你的孩子不会把这些话一字一句地重复给你听,但你一定能认出这些话背后的语气或情绪。在大多数孩子看来,这样的话就意味着"我要放弃你了""你简直不可救药""我不想和你待在一起""如果不用整天应付你,那我会过得更轻松惬意"。要知道,从一个家庭成员那里听到这些话,对孩子的自我价值感和他们对家庭的情感,都有着毁灭性的打击。

2. 孩子们正在模仿来自电视、电影、电子游戏、社交媒体和同龄人的糟糕交流方式。

如果你从你的孩子那里听到很多难听的话和糟糕的语气,而且你确信他们不是在模仿你或身边的成年人,那么你不妨做一些调查,看看他们最近在听什么音乐?在玩什么游戏?哪一档电视节目最能吸引他们?有些孩子能清楚地知道什么是不应该模仿的话语,但有些孩子却不分青红皂白地吸收他们听到的话语,好像他们天生就会说那样的话一般自然。如果你的孩子是后者,那么他需要有节制地接触这类影响的来源,直到他们学会使用恰当的语言为止。

3. 孩子们使用这种消极语言后并没有受到恰当的惩罚。

大多数父母在遇到此类情形时,往往会对孩子做出让步(例如:回应孩子的要求)、让冲突升级(例如:被孩子的语言和语气激怒,从而使亲子间的矛盾升级)或开启防御模式(向孩子过度解释某个指令或规则的基本原理)。

◆ 在青春期早期的孩子开始试探父母底线时,父母该如何引导他们

孩子往往会以讨价还价、言语上的不尊重和行动上的不服从等形式来试探父母的底线。每种形式对父母来说都是不同的挑战。

1. 当孩子试图与你谈判时,你要坚定自己的立场。

孩子通常会在讨价还价、发出抗议后提出另一种选择,或以争论的形式来谈判。这对父母而言是件十分头疼的事,因为谈判往往会演变成一场唇枪舌剑。如果不加以控制,孩子将永远不满足于谈判的结果,因为他们总想要得寸进尺,而不知见好就收。

父母: 关掉游戏机,洗个澡,准备睡觉了。

青春期早期的孩子: 我正玩到关键时刻呢!大家可都指望我了!

父母：已经晚上 8 点半了。我们之前就说好了，把游戏机关了吧。

青春期早期的孩子：再给我 10 分钟！不，5 分钟就行！求你了！拜托！

父母：把游戏机关了，不关的话你明天也别想玩儿了。

青春期早期的孩子：啊！这太不公平了！其他人都还在玩儿呢！

父母可以通过制订一项固定规则，并设置讨论与修订规则的过程，来最大限度地淡化孩子的谈判动机。如果你被孩子磨得疲惫不堪，受他操纵，或者因为感到内疚而屈服于他们的要求，那么孩子将会利用这一点，进一步加强他们的谈判力度。如果孩子觉得现有的规则不适合他们的年龄，那就敞开心扉与他们进行讨论，但要尽量避免在双方情绪激动时展开讨论，父母应该鼓励孩子安排一个时间，等大家都冷静下来，孩子也愿意参与讨论、合作，能够听取父母建议的时候再展开讨论。

最近，我 12 岁的儿子就有想要与我们讨论的话题，他想讨论为什么他应该被允许在周五晚上和朋友一起在游乐园玩耍，且不需要任何成年看护人的陪伴。他想要在睡前和我谈谈，他会理智、冷静地告诉我理由，并希望我可以考虑一下。后来我们达成了共识，只要他事先满足以下几个要求，他就可以去游乐园：找到一个随身携带手机的方法，以防止在游乐园里把手机弄丢；他需要在至少两周的时间里向大家证明，他会始终开启手机铃声，并在父母打来电话时立即接通；他只会和那些在公共场所有游玩经验并且一直做正确选择的朋友一起玩耍。

2. 帮助孩子为自己的情绪贴上标签，并在他们言语不当时予以正确引导。

言语上的不尊重是孩子试探父母底线的众多行为中最令人愤怒的一种。言语上的不尊重介于适当的沟通和言语辱骂之间，而家长们通常很难分辨这两者之间的细微差别。一些家长认为这是"青少年的语言"，将其视为常态，并且猜想所有孩子的沟通方式皆是如此。的确，很多步入青春期的孩子都会用一些更为粗鲁的语言来试探父母的底线，但父母最应该关注的问题是，如何为家庭成员之间的交流设定一个标准。这样一来，孩子言语粗鲁的行为就不会成为常态。在我遇到的家庭中，父母经常要花时间去弄清楚，孩子究竟是在不恰当地表达消极情绪，还是言语上对自己不尊重，也就是说，言语上的不尊重并不只意味着孩子想要表达消极情感，也可能是有意伤害或操纵父母情感的行为。

表达消极情绪是这样的：

"妈妈，这太不公平了！"

"我讨厌这个规则。"

"你根本不了解我。"

而不尊重的语言听起来会是这样的:
"你简直就是全天下最糟糕的妈妈!"
"我才不管你怎么想呢!"
"我真希望没有你这样的爸爸!"

当孩子表达消极情绪时,有些父母会感到有点恼火,认为这是孩子不尊重人的表现,认为这是针对他们个人的情绪发泄。然而,能够以恰当的社交方式表达情感的孩子往往有更好的情绪调节能力、更强的自我主张和独立性。无论如何,父母都应该尽力纠正孩子在言语上不尊重长辈的行为。青春期早期的孩子心中往往伴随着一些强烈且难以控制的情绪,但父母要让孩子明白,恰当地表达情感是健康的,也是必要的,将语言作为武器来攻击他人,并不会为自己带来任何特权。对孩子来说,控制这些情绪不仅需要大量的练习,也需要父母积极地参与进来,为他们提供必要的引导和帮助。

那些在言语上不尊重他人的孩子,往往能识别出自己的消极情绪,但却不能清楚地表达出其中的具体感觉或缘由,因此,父母有必要帮助他们给情绪贴上标签(例如,父母可以对孩子说:"你的话听起来很沮丧"或是"你感到失望吗")。

发现孩子的消极情绪后,父母应帮助他们找出积极主动地应对消极情绪的方法。例如,父母可以让他们待在自己的房间休息一会儿、听听音乐、冥想、锻炼、和宠物待在一起、把烦心事说出来,或者向成年人寻求帮助。

当孩子们说一些不礼貌的话时,我们通常会阻止他们:"别那样和我说话!"或者"说话注意点儿!"但是我们并没有告诉他们怎样才算是有礼貌地说话。例如,他们不该说:"你是天底下最刻薄的妈妈。"而是应该说:"我很难过,这不公平。"

3. 如果他们还是在言语上不尊重长辈,那就给他们一些适当的惩罚。

我们应该提醒孩子,如果他们不能表现得像一个"大孩子"一样懂礼貌,那么他们就不能享有相应的权利。使用电子产品、在外夜宿或得到零用钱等权利,都应是孩子们为克服更艰难的时刻所付出的努力后的奖励,比如为克服被拒绝的痛苦感受或控制消极情绪所付出的努力。在我的工作中,我一直鼓励父母要学会和孩子说"不"。这意味着,当孩子表现出语言上的不尊重时,父母需要说"不",而孩子则需要学会在听到"不"时如何自处(保持冷静,并接受父母的决定)。

4. 制订合理的规则,如果他们不服从规则,就要承担相应的后果。

青少年不服从,或拒绝服从成年人的指示,一般表现为两种形式：被动不服从和主动不服从。被动不服从一般表现为当你要求孩子做某事时，他们就是不去做。你下班回到家，却发现洗碗机里的碗还没有被他们拿出来；你让他们在数学考试前好好复习，可他们却连书都没翻开。他们不会口头拒绝或对你说不尊重的话，只是不按你要求的那样去做。与之相反，主动不服从表现为当你要求孩子做某事时，他们会说一些像"不"或"我没必要听你的"这样的话来表达自己的不服从。不要降低自己的期望值，也不要"贿赂"他们遵守规定，更不要因为你的孩子不高兴而怀疑自己的判断。向孩子阐述你的期望，清楚地描述他们的行为将带来的后果，剩下的就让它顺其自然吧。在说出惩罚后果之前，家长们要仔细考虑，避免因为生气或心怀希望而给孩子施加压力，或逼迫他们顺从，这有可能会对孩子造成严重的伤害。

家长：你出去带狗散会儿步吧。

青春期早期的青少年：不，我不想去。

家长：可我们已经商量过了。如果你拒绝帮我做家务，那你今天剩下的时间就不能玩电子游戏了。

青春期早期的青少年：那我也不在乎，我就不去。

家长：好吧。那你就失去了你的电子游戏和手机。

青春期早期的青少年：什么？太扯了！

家长：因为你使用了不礼貌的语言，所以电视也被关掉了！

现在的你正处于纠纷之中，脾气十分暴躁，你的孩子可能正因为你的极端反应而沾沾自喜。或许过一会儿，等双方都平静下来，我们就会倾向于回到原来的惩罚方式，这是经过深思熟虑的，或许更为恰当。所以一旦你决定要给孩子一个适当的惩罚后，就不要再动摇自己的决定。

◆ **试试这样说**

孩子试探父母底线的行为通常是可以预料得到的，因此父母可以做好准备，尽最大可能将该行为对家庭和谐度的破坏降到最低。如果试探底线对孩子有好处，也就是说，如果试探底线能让孩子得到想要的结果，那么孩子的这一行为就会继续存在下去，并且很可能还会进一步发展。面对孩子粗鲁的言语，父母保持冷静是关键，因为孩子会向父母学习如何管理情绪。当你的孩子激怒你时，你可以用以下简洁有力的语言来回应：

试试这样说	不要这样说
我们已经商量过了。我知道你很失望，但我的答案没有改变。	我再说一遍。你不能＿＿＿，因为＿＿＿，＿＿＿和＿＿＿！
我知道你很生气，但你说的话太没有礼貌了。如果你很生气，就说："爸爸，我很生气。"不要直呼我的名字。	别那样和我说话！你就是个被宠坏的孩子！你算老几？

(续表)

试试这样说	不要这样说
等你冷静下来我们再谈谈。	你这周末别想玩 Xbox 游戏了！现在整整一周都不能玩了！现在是两周了！再继续下去，就一个月不准玩游戏！

从前我怎样跟孩子说？

_____
_____
_____
_____
_____

以后我要怎样跟孩子说？

_____
_____
_____
_____
_____
_____

◆ **阅读心得**

我的孩子遇到过哪些类似的问题?

_____

_____

_____

_____

我之前是怎样做的?

_____

_____

_____

今后我可以怎样做?

_____

_____

_____

_____

_____

任何针对某人的辱骂、威胁或诅咒的话语都是语言上的虐待。例如，"我要让你后悔自己的所作所为"。反复发生的语言虐待（或更为严重的身体攻击）应该立即通过家庭咨询、个人咨询或父母辅导来解决。此外，父母需要仔细审视自己的沟通方式，确保不会给孩子树立坏的"榜样"。对于那些问题较为严重的家庭而言，如果没有专业人士的帮助，将很难解决这一问题。

焦虑和逃避

在当今社会，青少年的焦虑情绪空前高涨，有大约30%的18岁以下青少年表现出严重的焦虑症状，需要进行临床治疗。有些症状会十分明显：睡眠不佳、食欲变化、颤抖、惊恐发作、哭泣、躲藏、逃离环境，以及口头表达担忧和恐惧。另一些症状则更微妙，可能与其他因素有关，具体表现为：易怒、黏人的行为、敏感、退缩、反应迟钝、争强好胜或不断需要安慰。虽然焦虑情绪在几乎所有年龄段都很普遍，但在青春期早期，孩子的焦虑情绪很难被发现。原因有以下几点：（1）焦虑有很多不同的形式，青春期早期的青少年不擅长识别或表达它；（2）焦虑通常还会表现为逃避，这会误导关心孩子状况的父母。焦虑和后续的逃避行为十分普遍，以至于我们很难分辨这些症状是成长过程中必经的部分，还是令人担忧的迹象。

有些焦虑是有益处的，它能够帮助我们保护自己，比如我们在穿越停车场时，焦虑感会让我们保持高度警惕；它可以促人上进，比如我们在上交论文前会因为焦虑而反复校对文章；它还能让我们保持社交意识，比如我们会留意别人有没有被我们讲的笑话逗笑。但是过多的焦虑则会让孩子和父母都无能为力。一些父母会将自己的教养焦虑传递给孩子，例如："他永远都上不了大学，35岁之前都会一直住在家里。""我做错了什么？我怎么养出了一个欺凌同伴的孩子？"或者"我朋友的孩子会弹吉他，可我们却从未在音乐方面鼓励过自己的孩子。"我们因为自己的恐惧和不安而给孩子施加压力，这很有可能造成我们与孩子之间关系的恶化。

◆ 为什么青春期早期的孩子会如此焦虑

青春期早期的孩子生活中压力最大的部分往往来自学校生活，尤其是他们刚进入中学的那段日子。他们要应对每个老师的各种要求，要学会整理学习材料，学习拟定时间表并严格遵守，提出自己的学习需求等，这些都让他们感到充满压力。如果这时父母长辈等总是提醒孩子，他很快就要上高中了，高中会"在你尚未察觉就已到来"，那么孩子的焦虑情绪会日益加深。

这个年龄段的孩子刚刚形成自身的学习意识。他们常会发出这样的疑问：拥有聪明的头脑很酷吗？自尊心和成绩有关吗？老师们喜欢他们吗？他们对未来有计划了吗？如果有，那这取决于他们在学校的能力吗？他们会首先把自己定位为学生吗？他们的主要自我意识是来自于他们的运动能力还是他们的社会地位呢？

在青春期早期的生活中，另一大压力的组成部分来自他们对同龄人之间关系的认知。注意，我写的是"认知"。青春期早期的孩子虽然非常依赖他们的家人，但他们认为和有趣的同龄人相处可以获得更多的满足感。由于渴望和同龄人在一起，所以他们会过度关注同龄人对自己的看法。然而，青春期早期的孩子不一定对自己的社会地位有一个准确的认知。有些孩子丝毫没有意识到同龄人认为他们行为粗鲁或思想幼稚。还有些孩子，即便他们很受欢迎，但是一旦有"地位较高"的孩子没有回应他们的友好示意，那么他们就会觉得自己被排挤了。有些孩子能很好地处理别人的取笑，并把这种行为看作是一种融入群体的形式，相比之下，另一些孩子则会因此陷入消极的自我对话，并通过自我孤立来回应别人的取笑。真正的自尊是从朝着目标努力，取得进步或成功演变而来的。因此，父母应该表扬孩子的努力(例如："你为项目付出了这么多，真是太棒了！")，而不是夸奖孩子的基本能力（例如："你真聪明！"）。这样的夸奖可以让孩子们意识到：（1）努力和练习很重要；（2）他们的努力能推动自己的进步。

◆ 我们应如何帮助青春期早期的孩子避免逃避的行为

如前所述,逃避是青春期早期最常见的焦虑症状之一。当无力感已经超过了孩子能够承担的极限时,他们就会变得消极抵触,无法激励自己朝着目标前进。在面对外界提出的要求时,即便这些要求看起来微不足道,但是青少年们还是会选择通过逃避的方式来应对。这种逃避的策略虽说能解他们的燃眉之急,且在短期内看不出负面影响,但会给青少年的成长带来一些相当严重的长期后果。

逃避行为所导致的停滞不前常令父母感到非常沮丧。以下是帮助孩子克服青春期早期逃避行为的一些建议:

1. 优先考虑可控范围内的事情。

专注于你能控制的事情。例如,你无法让你的孩子好好学习,那么你可以聘请一位家庭教师。你可以允许孩子下载一些教育相关的应用程序,帮助他们访问课程网站,或是向他们的老师寻求帮助。如果你的孩子成绩不好,你可以给他一些激励,或者为他创造一个有利于学习的环境,但是你无法强迫你的孩子去做一些他们不想做的事情,比如学习、睡觉、健康饮食或享受做某事。所以,家长要确保把自己的精力和资源集中在孩子及他们所处的环境中你可以掌控的方面。

2. 不要擅自揣测孩子的想法。

"你就是不关心学校的事。""你从来不为别人着想。"

所有年龄段的人都有复杂的感受,特别是当别人开始猜测他们的想法时,他们会感到被疏远、被误解、被孤立。让孩子说出自己的真实感受。当你在观察他们的一举一动时,要让他们知道你的感受,再看看他们的反应。

爸爸: 今晚睡觉前,你必须打扫房间,否则你就不能在周末使用你的手机。

青少年: 好吧,我会打扫的。

爸爸(几个小时后): 嘿,都快到睡觉的点儿了,你连这房间里的一只袜子都没捡起来!你只是在那儿玩手机!你究竟在忙些什么呢?你看起来根本就不在乎。

青少年: 我只是……我看了下我的房间,看起来根本不可能把它打扫干净!反正我的手机都要被没收了。我也没办法打扫好卫生来保住它。我只是不知道该怎么办了。

3. 提点,但不要唠叨。

在青春期早期,孩子的执行能力,即优先考虑、拟定计划、发起行动、控制冲动和有条理地思考的能力,比他们在 25 岁左右时所发展出的能力要差得多。家长们应该去提点孩子,他们需要被教导如何自己想办法解决问题,即便他们已经可以灵活地处理自己的事,也还有帮助他们强化这些能力的方式。这种强化的形式可以是口头表扬、肢体接触（拥抱、拳头碰撞）、给孩子某些权利（使用手机、允许与朋友在外过夜）或奖励有形物品（糖果、最喜欢的商店的礼品卡）。

喋喋不休的唠叨有着致命的杀伤力，父母要明白，唠叨起不到任何作用。事实证明，唠叨只会让孩子变得更加依赖父母。面对长辈的唠叨，孩子会形成这样的态度："我什么都不做，直到她的唠叨变成叫喊，我就会知道我惹上大麻烦了。"与其多唠叨几句，不如想想怎样做可以帮到孩子。帮助孩子制订一个计划，并把大计划拆分成几个易于管理的小计划。当孩子实现目标时，父母要给予积极回应，以此来进一步强化他们的执行力。当他们在学习上受挫时，父母也要学会接受这一切。

家长：我只是想提醒你现在是晚上8点。你必须在晚上9点前写完作业，再洗个澡。

青少年（不动）：知道了。

家长：我想让你现在就关掉你的电子游戏，这样你就可以把一切都做完了。先做完作业，然后洗个澡。晚上8点40分之前去洗澡。

青少年（仍然不动）：嗯嗯。

家长：如果你因为玩电子游戏而无法完成自己的任务，那么我们明天就把它收起来吧。

4. 让他们尝尝失败的滋味。

有时减少逃避行为的最好方法,就是让孩子看到逃避行为所导致的后果。这可能会导致他们考试不及格、丧失某些权利、让老师失望,又或是失去一些他们希望得到的机会。

家长:我在网上查了你的成绩,你有3份作业都是零分。

青少年:嗯。

家长:你能告诉我发生了什么事吗?

青少年:我做了两份,但是我忘了交作业。我只是忘了做最后一个。

家长:那你有没有想过怎么去解决这些零分?

青少年:我想迟交作业,应该也能得到一半的学分。

家长:有道理。那你有什么办法能让自己记得明天交作业吗?

青少年:不知道。也许我可以把它们事先放在我的笔记本前面,这样我就可以在上课记笔记的时候看到它们。

家长:好吧,那就试一试。明天早上我把你送到停车场后,你要做的第一件事,就是把它们交上去,怎么样?这样对你会有帮助吗?

青少年:可能有吧。

◆ **试试这样说**

学习如何解决问题是对抗焦虑的有力措施。当你不知所措时,四肢很容易变得僵硬,这会导致你感到无助。以下是一些关于如何与青少年开展有效沟通的建议,以及当他们表现出焦虑或逃避行为时父母该如何鼓励他们有效解决问题的技巧:

试试这样说	不要这样说
让我们看看你可以做些什么来解决这个问题。	你应该更清楚。
现在我们已经想出了一个策略,如果你不坚持下去,那你认为会有什么样的后果呢?	如果你不收拾这个烂摊子,你会后悔的。
万事开头难。我想让你想想自己的感受。	你怎么了?做你该做的就好。
我觉得你可能有些不知所措。让我们停下来,从头开始。	别偷懒了。

从前我怎样跟孩子说?

_____

_____

_____

_____

以后我要怎样跟孩子说？

◆ 阅读心得

我的孩子遇到过哪些类似的问题？

我之前是怎样做的？
_____
_____
_____
_____

今后我可以怎样做？
_____
_____
_____
_____

施以管束还是放任自流

　　青春期的孩子需要自我探索的空间，那么家长该如何为探索的空间设限，以保证孩子可以在不被冒犯的前提下，安全稳妥地探索自己的极限呢？在下列表格中，我将那些需要对孩子进行管束的行为，以及可以放任孩子自我发展的行为，都进行了列举：

施以管束	放任自流
使用手机的时长	用手机自拍
不尊重长辈的言语	偶尔在他们发给同伴的短信中看到"笑死我了"或"见鬼去吧"
在没有成年人的管束下，与同龄人或小团体玩耍	独自待在房间中享受个人时光
说其他人的闲话	与同龄人之间不经意的比较
消极的自我对话	关注外表

第 3 章

青春期中期：有一些可爱，更多的是青春期里的烦恼

（多发生在 12~14 岁）

我：你觉得从初中一年级升到初中二年级的这段时间里，最棒的事是什么？

女儿（想了想）：我的胸部发育了。

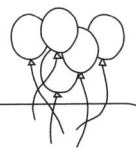

  12~14岁的孩子正处在青春期中期,这一时期也恰好与孩子的中学时期相重合。人们通常认为,在生理、情感和社会环境所带来的巨大影响下,青春期中期往往是父母和孩子在成长过程中压力最大的阶段。这时的孩子已经褪去了孩童时期的稚嫩,他们不再像小时候那样与父母亲昵地依偎在沙发上,皮肤也不再光滑,取而代之的是萌发的体毛、活跃的汗腺和多变的情绪。

  父母既想满足青少年探索未知和独立的渴望,同时也想向他们施以援手,给予恰当的指导,但事与愿违,父母反而会因为这种想法而将自己置于无止境的循环窘境之中。这一时期的青少年,他们的状态也总是飘忽不定,可能前一天还兴致勃勃地完成学校布置的任务、尝试新鲜事物、结交新朋友,隔天就会拿回满是"鸭蛋"的成绩单,垂头丧气地抱怨着"没有人喜欢我"。面对这种情况,父母应保持镇静,要意识到这是孩子在青春期成长的必然现象。

青春期中期的孩子的特征

生理方面

青春期的孩子在生理上会发生一些变化。迅速增长的身高、发育隆起的乳房，以及开始生长的阴毛，这些迹象都标志着女孩青春期的开始。在这些变化开始后的6个月到1年里，女孩们可能会迎来她们的第一次月经。然而青春期的生长发育存在个体差异性，有些女孩可能会平缓而匀速地度过青春期，相比之下另一些女孩的青春期就要短得多。例如，女性乳房发育平均需要4年时间，有些女孩在两年内就可以完全发育，而有些女孩则需要花上9年的时间。女孩在经历第一次月经后的几个月内，其生长发育通常会进入一个逐步放缓甚至是停滞的阶段。所以当女孩初中毕业时，其身高与身材通常均已达到成年女性的标准。

然而，男孩青春期的生长发育迹象通常会在临近初中毕业时才显示出来。男孩的青春期发育通常是以阴茎和睾丸的发育为始端，最明显的外在变化主要表现为20多厘米的生长突增[①]、逐渐低沉的嗓音，以及旺盛的体毛。更重要的是，青春期的男孩由于肌肉质量的急剧增加，其胸部和肩部会有明显变宽的迹象，周身肌肉也会显得更加发达。与此同时，父母也会注意到，这一时期的青少年会摄入大量的食物，并出现青春期笨拙[②]、易出汗和痤疮的症状。而上述所有男孩青春期的发育症状，都是受睾丸激素这一强大的荷尔蒙所驱使。

情感方面

青春期也会引起青少年心理上的变化。面对青春期里的种种生理变化，青少年难免会产生一些情绪反应。研究表明，青少年的自尊心绝大部分取决于他们对于自己外貌的满意程度。大部分女生都希望自己可以拥有苗条的身材，因此体重往往与女孩对自己身材的满意程度有着密切的关联。而大多数的男孩则专注于锻炼出肌肉发达的身体框架。青少年会在诸多因素的

[①] 生长突增，指青春期阶段生长速度突然加速的现象。
[②] 在青春期动作表现的相关研究中，有学者发现青少年的生长突增期会出现暂时性动作表现困难的现象，并将其称之为"青春期笨拙"，英文为 Adolescent Awkwardness。

作用下提高对自身体重和形象的关注度,如来自社会的压力、对体育运动的热爱、对其他注重身材的活动的兴趣,以及遗传和生物因素等。

社交方面

随着身体发育的日渐成熟,青少年开始渴望以更成熟的方式开展社交活动。他们开始拓展自己的异性交友圈,"小团体"开始显现(受欢迎的人群与不受欢迎的人群往往会出现"抱团"的现象),社交关系也深受邻近性[①]、兴趣爱好和社交媒体的影响。

> **大脑的变化**
>
> 在青春期中期,大脑的变化主要受性激素的支配。女孩的孕激素和雌激素会随着月经周期的变化而产生波动。男孩的睾丸激素则会激增到青春期前的30倍。这些性激素与情绪变化有着千丝万缕的联系,但青少年往往并未有足够的经验来应对这些激素变化带给自己的情绪问题,所以他们经常情绪不稳定、寻求刺激感,甚至言行举止带有攻击性。尽管青

---

①邻近性,指人与人之间在空间上的接近性。

春期中期的青少年在生理上已经近似于成年人，但他们远没有成年人那样成熟稳重。因为青少年的大脑仍未得到完全发育，他们也没有掌握调节情绪和控制冲动的办法，因此他们仍需通过外界指导来保持自身的组织纪律性，对自己的未来做出恰当的规划，并且需要在外界的帮助下才可以集中注意力于重要的任务。

青春期中期的孩子可能出现的行为

据家长反映，这个年龄段的青少年在人情世故方面都有着绝佳的领悟能力。孩子从小学升至中学，他们从群体中最大的孩子变成了最小的孩子，这些转变和他们所经历的一切，都将改变他们原有的认知。粗俗的言语、与"性"有关的词汇、学校对敏感时事的介绍，以及那些存在于音乐、电视节目和网络中的成熟化内容等，都会充斥在青少年的生活中。一个 12 岁的青少年曾在咨询时告诉我，升入初中后，最令他感到震惊的是那些初中生在没有家长的场合下脱口而出的脏话。然而，过个了几个星期，他也在这样的环境中不知不觉被同化了。青春期的开始与成熟化的文化内容和社交模式相结合，让青少年在友谊、自我概念、界限设定，以及在日常生活中追求独立等方面都会产生极大的变化。青少年们开始在意来自外界的看法，但他们的观点却经常被不准确的假设、自我怀疑和夸张的情绪所歪曲。

承受友谊和社交压力

在青春期中期，青少年的社交行为会发生巨大的变化。他们的社交圈不再局限于同性别、同龄的人，与朋友相处的时间更是远多于父母，并且其与他人的亲密感和自我好感度都深受社交媒体的影响。这一时期的友谊变得更加复杂，青少年的交友选择不再局限于那些"住在附近的人"或是"有相同爱好的人"。青春期中期的青少年在社交这方面还有很长的路要走，他们要学习如何成为一位合格的好朋友，如何处理与同龄人之间的来往。

为什么青少年难以处理社交关系

对于青少年来说，发展和维系一段友谊无异于是一场挑战，因为这时的青少年还并未发展成为一个完整的社会个体。他们的性格是内向的还是外向的？他们是否更需要受人欢迎？他们是否需要谈几段恋爱来体验爱情？他们能够信任他人吗？他们是否会想要博得同龄人的关注？他们知道如何让别人正确对待自己吗？他们明白与朋友发生争执和陷入一段不良友谊之间的区别吗？以上这些问题并非全部都可以在这个年龄段得到解决，有些问题可能永远都没办法寻求到正确答案。但比起所谓的"正确答案"，家长们更应该认识到，青少年各异的性格特点与他们所处的复杂社会环境相糅合，必定会使青春期的少年们做出令人费解的行为，并且难以管教。

想要了解青少年的友谊，就得从了解青少年尚未发育完全的大脑开始：

1. 缺乏抑制冲动的能力。

在孩子心中，初中生的友谊总逃不过以下 5 点：充满戏剧性的情节、亦敌亦友的关系、喜欢装酷、想要受人追捧，以及追求自己的暗恋对象。在这一阶段的友谊里，关系攻击行为也十分常见。（关系攻击行为，通常指有意伤害某人与他人之间社交关系的敌对行为。）因此，青少年总是难以长时间地维持一段友谊。在处理问题时，青少年往往会大发雷霆、辱骂对方，甚至是做出一些攻击行为，即便这些言语举动并非故意而为之，但他们却丝毫没有意识到，这些行为将会对他们与朋友间的友谊和自己的名声造成不可挽回的伤害。针对青少年的上述行为，人们总是将其归咎于"性格缺陷"。但严格来说，这些行为是由于青少年不成熟的心态和未能考虑他人感受而导致的"冲动行为"。因此，在面对这类行为时，家长们应果断地做出处理，以便让青少年从中汲取经验教训，从而学习如何经营一段友谊。

2. 缺乏自我调节的能力。

青少年并不擅长在关键时刻保持冷静。他们总会无端地假设并且坚信事情一定会往最坏的结局发展。而这些无端的假设，往往会让青少年产生夸张的情绪反应。试想一下，当一名青少年打开她的社交媒体账户，发现她的朋友们在外过夜聚会却没有邀请自己，她会怎样做呢？她当下的所有情绪都可能被放大，并且还会产生一些极端的想法，例如"我要和她们绝交。她们可能正聚在一起，偷偷地议论我。她们可能在嘲笑我，觉得我就是一个彻头彻尾的失败者"。这些极端想法通常还伴有孤独感、焦虑感、羞耻感和消极的自我价值观念。冲动之下，这名青少年发布了一张聚会发起者的照片，在她的脸上画上了一个大大的"×"，并在配文里写道："不知道本杰明是否知道自己就是她的暗恋对象？不过昨天和本杰明谈起这事的时候，他却说：'绝不会喜欢上她。'"不一会儿，就有十几个同学浏览了这条动态，本杰明也发来了短信："你在搞什么鬼？"并附上了一个愤怒的表情符号。"战争"一触即发！这名青少年几乎在动态发出的那一刻就已经开始后悔，并且其社交地位也因此发生了180度大转变。

◆ 如何帮助青少年处理友谊方面的问题

转瞬即逝的友谊，往往会导致剧烈的情感起伏，看着青少年独自处理着这些棘手的问题，家长难免会心有不忍。大多数人都可以回忆起自己在青少年时期的绝望感，这种绝望感又会在冷漠无情的社交媒体和网络的影响下被无限放大。但值得庆幸的是，我们可以通过以下措施帮助青少年更好地解决此类问题：

1. 表达同情。

我们应当理解青少年，并对他们在社交压力下的情绪化反应表示同情，因为同伴关系很有可能是青少年生活中最大的压力来源之一。有时，父母可能会感到不耐烦（"什么？他们又在为了那个男生吵来吵去吗？"）、愤慨（"凯莉说了什么？这个小屁孩！"），甚至会感到愤怒（"我倒要打电话给他妈妈，让她好好看看自己的儿子到底是什么样！"）。但是，即便你的孩子受到了伤害，你也要努力做一个好的倾听者，让孩子解释他们的观点和解决问题的过程。因为他们可能会在随后的谈话中接受建议，又或者他们只是需要有人倾听自己的想法。无论他们选择了哪种方式，家长都不要将自己的情绪反应掺杂进去。

家长：我听到你跟杰西打电话的时候叫喊了几句。是发生了什么事儿吗？

儿子：他总是喜欢在吃午餐的时候装酷。

家长：这是什么意思？

儿子：嗯……就是……他总是嘲笑我。经常拿我的身高开玩笑。而且他只在马克和雅各布在场的时候才这么做，因为他觉得嘲笑我会让他看起来很酷。

家长：那你和他说自己的感受了吗？

儿子：说了。我跟他说，如果他在午餐时表现得很混蛋，就不应该在之后给我打电话，还表现得像是最好的朋友一样。

家长：你跟他说了之后，他有什么反应？

儿子：我不知道。因为我冲他喊完这几句之后就挂了电话。

2. 让青少年专注于自己力所能及的事。

帮助青少年在社交场合中确定自己可控的事，父母要让青少年知道，自己永远无法控制他人的感受和行为，这将会使他们受益良多。

同时，父母也要告诉青少年什么是他们能够控制的，例如他们对社交场合的解释和重构；自己语言和肢体上的反应（如何通过他们的语言和肢体动作来准确表达自己的想法和情绪）；是否向值得信任的成年人寻求帮助；在互联网或社交媒体上做出的选择；在未来选择和谁在一起；以及他们在与他人相处时选择如何表现自己的个人价值。

家长：所以，你已经将你的感受告诉了你的朋友。接下来你想怎么做?

儿子:我一会儿可能会给他发短信。告诉他我不生气了。

家长:那你觉得他会有什么反应呢?

儿子:我不知道。他可能会因为我吼他而生气,或者他会因为我生他的气而难过。

家长:如果他很生气或者不回你的短信,你会怎么办?

儿子:我会给他点儿时间。我想我们明天可能就会恢复正常。

家长:如果他继续在午餐时间取笑你,你会怎么办?

儿子:我也不知道。我可能这两天会在用午餐时和其他的朋友一起坐。

3. 让青少年学会不要感情用事。

不论什么时候,青少年的生活总是充满了变化:家里的压力可能会使他们在学校感到烦躁;对考试的焦虑可能会使他们缺乏自信;一个浪漫的、有趣的互动可能会激起爱的火花。事实上,青少年的很多行为都与眼前的问题没有直接的联系,所以这也使得青少年很难记住他们的同龄人是在什么时候做出这些行为的。

女儿:今天训练的时候,梅根很不开心。她对着莱克茜大吼大叫。

家长：你知道为什么吗？

女儿：我也不知道。莱克茜也不知道。

家长：梅根是因为其他事而感到有压力吗？或许她不是因为莱克茜而生气。

女儿：也许吧。她确实说过她有很多家庭作业要做，而且她还因为数学得了"D"，被没收了手机。

家长：这确实太糟糕了。听起来，她自己都手足无措，不知道该怎么办了。

女儿：或许吧。希望莱克茜不要生她的气。

◆ **试试这样说**

在不稳定的青少年友谊中，青少年面对的最棘手的问题就是无情的社交压力，常常是一波未平一波又起。作为成年人，父母已经认识到这种社交压力只是成长过程中的必经之路。这种压力会在青少年学会如何设置界限、学会更有效地沟通和抑制内心的冲动后逐渐消失。但是，科技的泛滥却没有给孩子留下丝毫的喘息时刻。短信、社交媒体上的帖子和最新的八卦消息，这些繁杂的信息几乎不可能让孩子停下来反思、改变他们的行为，更不会让孩子有冷静下来的机会。

青少年需要家长理性的劝导、无条件的信任、耐心地倾听，家长则需要辨别自己何时需要介入，何时需要放手。对青少年来说，他们很难做出让步，顾全大局，也很难重新考虑自己最初的猜想是否符合事实。也许，你的孩子正需要你的大力支持。下面列出的话术，或许会对你有所帮助：

试试这样说	不要这样说
我很抱歉，这对你来说太难了。你不是唯一这样想的人。	青少年就是这样！
在这样的情况下，你还想改变些什么呢？	不要和他们做朋友。
一切都会好起来的。	等上一两天，你会克服困难的。青少年就是太戏剧化了。
我希望你可以暂时远离社交媒体。我们可以采取什么替代性措施呢？	把你的手机给我，我受够了这些闹剧。

从前我怎样跟孩子说？
_____
_____
_____
_____

以后我要怎样跟孩子说？

◆ 阅读心得

我的孩子遇到过哪些类似的问题？

我之前是怎样做的？

> 今后我可以怎样做?
> _____
> _____
> _____
> _____

社会比较[①]

青少年都非常注重自我。他们默认的思维过程是先考虑自己,再考虑别人。虽然这种行为看起来似乎是自私的表现,但实际上,这是青少年在了解到这个世界并不符合他们的认知后的本能反应。青少年开始意识到成年人并非无所不知,长辈制订的规则往往是武断的,而社会则充满了虚伪和不公平的现象。他们一旦意识到这些社会问题,就会更加注重自我反省,从而开始关注自己心理上的矛盾和形象上的不足。这种自我反省源自他们对世界片面的看法,因此难免会产生一些错误的想

---

①社会比较(social comparison),指的是个体就自己的信念、态度、意见等与其他人的信念、态度、意见等做比较。

法——他们会认为自己的一举一动都备受关注。我清楚地记得，当我们走进一家杂货店时，我 13 岁的女儿尴尬地畏缩着，因为她觉得所有人都会看到她运动衫上的果冻痕迹。于是她全程双臂交叉，挡住衣服上有污渍的地方，直到我们上车时，她才松了一口气。事实上，没有人会注意到她的彩色运动衫。但在她看来，她的头上就像是有一个闪烁的霓虹标志，正明晃晃地告诉所有人："瞧！这儿有一个邋遢鬼！"

◆ 为什么青少年会拿自己和别人比较

在青春期中期，青少年的自我概念或自我意识尚处于早期阶段。虽然你的孩子可能会将自己定义为运动员、艺术家、研究学者，或三者皆有，但这些身份定义很可能是短暂的。这些身份定义很大程度上都取决于父母的支持、同龄人的接受程度、文化背景，以及参加与该身份相关的活动所付出的努力等因素。

自尊与自我概念息息相关，自我概念指通过比较自身和他人后，对自己做出的评价。当青少年试图了解自己时，他们通常会将自己与同龄人进行比较。"如果我没有山姆那样优秀，那我还能成为运动员吗？这是否代表了别人对我的看法？""如果我可以更加全面地钻研这一问题，我会被大家喜欢和接受吗？""我尝试新鲜事物的时候，所有人都在观察我的一举一动吗？会有人嘲笑我吗？"

◆ 如何帮助青少年应对社会比较

社会比较这一现象虽然很难引起家长的关注,但对于青少年来说却是无法回避的难关。通常这一现象持续的时间会很久,有时甚至会持续到孩子的成年时期(有些人在成年后也会将自己的自尊心建立在他人的看法之上),但在适当的支持下,社会比较的强度也会随着时间的推移而减弱。

1. 认同孩子的感受。

虽然家长可能会习惯于将孩子的担忧看作是愚蠢、矫情的行为,但家长必须认识到承认孩子有自我感受的价值。一旦孩子们发现你会轻视或忽视他们的感受和观点,那么他们可能就再也不会向你敞开心扉。这样一来,家长会失去与孩子的亲密联系,也会失去引导他们学会更理性、成熟的思考方式的机会。

女儿: 我觉得所有人都在盯着我鼻子上的青春痘。

家长: 你觉得难为情吗?

女儿: 是的。这个痘痘也太大了。

家长: 我知道你觉得这个痘痘很明显,但其实并没有你想的那么夸张。毕竟我还没看到有人注意到你脸上的痘痘。

2. 不要鼓励情绪化的想法。

承认孩子的感受并不等于认同那些感受,更不等于"指鹿为马",家长应将孩子情绪化的想法认为是理性表现。然而，与青少年争论或辩论都是无益的，因为这样做会导致他们更加关注自己错误的想法，甚至错上加错。相比之下，温和地指出与他们自我陈述中相矛盾的事实，会更有效地引导他们进行自我反省。

儿子：每个人都讨厌我。我一个朋友都没有。

家长：你为什么觉得自己没朋友呢？

儿子：我也不知道。没人陪我玩，也没有人愿意和我待在一起。

家长：但是，杰伦昨天来过，你俩还一起打了篮球。而且马尔科姆和我们共乘一辆车去上学，你们俩都对着手机上的东西笑得不可开交。

儿子：管他呢。反正他们根本就不喜欢我。

家长：这我可就不同意了。舍伍德太太说杰克总想让你去他们家的游泳池一起游泳。我理解你的想法，你可能觉得最近没有和朋友联系，感情有些淡了。但我想说，在过去的几天里，你真的和伙伴们一起玩得很开心。

3. 抓住机会培养同理心。

当孩子表现出自我意识或自我怀疑时，家长要提醒他们，他们的同龄人也经常有这种感觉。家长应该鼓励他们对他人表示同情、说一些支持的话、给予赞美或安慰、学会逗人开心，或做一些有益的事情。因为让孩子认识到同龄人也有同样的感受，不仅可以培养他们的同理心，还可以帮助他们减少孤立感。

女儿：今天午饭时，安斯利不小心打碎了饮料瓶。大家都乱作一团。

家长：这确实太糟糕了。那她反应如何呢？

女儿：她尴尬极了。

家长：可不是嘛，换作是我，我也会很尴尬。那你帮她收拾了吗？

女儿：没有，不过我应该帮她收拾的。那样可能会让她感觉不那么尴尬。

家长：没事儿，那咱们下次记着帮别人就行。

4. 教他们如何进行积极地自我安慰。

在青少年的生活中，最关键的声音往往源于自己的内心。家长应当积极地指导他们，教他们识别对自己说过的消极话语，比如"我太尴尬了"。然后，教他们把这些话转换成更准确或更积极向上的语言，比如"我觉得很尴尬，是因为我一个人站在这儿，但我能处理好这件事，很快就会过去的"。有时候，孩子会从那些欢快的或听起来十分愚蠢、搞笑的"洗脑话语"中获得鼓励，比如"我真是太厉害、太了不起、太可爱啦"。所以，在孩子沮丧时，家长可以鼓励他们对自己重复这句话。记得有一次我瞥见了儿子的手机，发现他在给自己发的短信里也表达出类似的鼓励。我问他为什么要这样做，他说，当他和一群不认识的孩子站在一起等公交车时，他就会给自己发这样的短信。因为这样不仅让他觉得有事情可做，还可以让他的自我感觉更好。

家长： 你觉得今天的历史考试考得怎么样？

青少年： 有点紧张。

家长： 你是怎么告诉自己的呢？你的大脑在说什么呢？是积极的鼓励，还是消极的埋怨呢？

青少年： 它告诉我这个测试可能太难了。

家长： 也许你可以对自己的大脑说，"这次考试可能很难，但我努力学习了，我可以做得很好。"

一些家长并不希望孩子撒谎或是不停地埋怨，他们会质问孩子："萨拉的想法关你什么事？"或者："如果你所有的朋友都去跳楼，难道你也要跟着去跳吗？"并期望以这种方式让孩子停止对他人的过分关注及消极的抱怨。但是，成年人向青少年所传递的信息却又是自相矛盾、前后不一的，他们有时又希望青少年可以去关心他人的想法，换句话说，是希望青少年去关心父母，以及其他值得信赖的成年人的想法。

成年人经常向青少年输出自己的观点，可一旦青少年没能同意自己的观点或没能遵循他们的指示行动，那么成年人就会因此而感到不满。家长一方面不希望青少年将自尊心建立在同龄人的看法之上，另一方面却又借外界对孩子的评价来不断地激发孩子的自我意识，甚至企图利用孩子在意他人评价的心理来达到锻炼孩子社交技能的目的。例如，父母可能会说："你在朋友面前也会这样做吗？""如果你的朋友知道你这样做，你难道就不觉得尴尬吗？""舞会上每个人都穿得这么随意吗？"又或者说："卡罗琳是个足球运动员，你难道不想和她在一个队伍里吗？"

◆ 试试这样说

父母不应该向孩子传递自相矛盾的信息，指望孩子可以独自判断什么样的比较是有益的，什么样的比较又会带来反作用，而应该在如何处理社会比较这一问题上主动给予孩子帮助。以下是一些可以帮助青少年理解这些困惑情绪的话语：

试试这样说	不要这样说
我也有过这种感觉。	你不应该有这种感觉,别说了。
谢谢你告诉我。	那太荒唐了。
我能帮上什么忙吗?	我不知道你到底想让我做什么。
我知道你觉得自己不擅长×××（某项技能或活动），但是你确定自己有决心做好这件事，而不是一时兴起吗?	你做什么都很棒,亲爱的!
你想听听我的看法吗?还是说你只需要我的倾听?	你的反应也太夸张了。你只需要这样做,……

从前我怎样跟孩子说?

_____

_____

_____

以后我要怎样跟孩子说?

_____

_____

_____

_____

◆ 阅读心得

我的孩子遇到过哪些类似的问题?

我之前是怎样做的?

今后我可以怎样做?

受电子科技和社交媒体的影响

现如今，青少年拥有第一部手机的平均年龄是 10 岁，等到了高中的时候，近 90% 的学生都会拥有自己的手机。青少年虽然可以通过台式电脑、笔记本电脑、平板电脑和游戏机上网，但使用智能手机已经成为一种常态，他们甚至可以用智能手机管理好生活的方方面面：打电话、发短信、发电子邮件、制作和观看视频、上网、直播、玩在线游戏和访问社交媒体账户。甚至有越来越多的中学老师也认为，学生们可以使用智能手机，并推荐他们下载与教育相关的应用程序，用手机为重要的学习材料拍照，随时查看电子邮件和在线成绩。手机在孩子的成长过程中扮演着重要的角色，但是科技的进步也使得父母很难监控孩子使用手机的过程和他们的安全。

◆ **为什么电子科技对青少年如此重要**

社交占据了青少年生活的绝大部分，这也就是为什么青少年都喜欢无时无刻地与同龄人待在一起。随着科技的发展，现如今的孩子只要动动手指，就可以用手机发送短信、图片或是自拍，以及发送和接收视频。这样一来，即便他们独自躺在卧室里，也可以向朋友表达自己的想法，迅速获取最新消息。

这种不间断的社交联系同样也给孩子带来了巨大的压力。因为短信必须立即回复，被同伴排除在外的社交活动也会很快被发现,恋爱对象可以通过他们的"签到"来实时关注动态,自拍时不仅需要穿着漂亮的衣服,还要对姿势和角度了如指掌。这样看来,科技下的社交真可谓集兴奋、刺激与致命的吸引力于一体。

◆ **如何帮助青少年善用科技**

青少年需要在成年人的指导下安全地使用电子科技产品。虽然在如何教导孩子正确利用科技这方面,本书不能进行全面、深刻的探讨,但在这里我们列出了一些通用建议,以供大家参考:

1. 要主动,而不是被动。

父母最常犯的错误之一就是他们坚信:"我的孩子是个好孩子,他们知道不能犯错误。"是的,你的孩子绝对是一个好孩子,但他们的决策能力仍未发育完全,无法顾全大局。因此,当他们被诱惑转发内容不恰当的信息、点击不恰当的话题标签或在网上说一些表达仇恨的话时,指望他们自我克制是一种极其不现实的想法。因此,了解孩子在网上可能遇到的陷阱,探讨孩子上网的风险,并集思广益如何避免它们是非常有必要的。我们需要考虑的问题包括如何让孩子远离网络诈骗、网络欺凌和性方面的不当信息,以及如何培养孩子的网络社交安全意识,提高孩子辨识危险与自我保护的能力。家长不应假定自己的孩子懂的很多,而应该反复跟孩子强调、说明,让孩子明白,电子产品是一把"双刃剑",只有在父母的监督下,他们才可以安全地使用电子产品。

2. 制订一份书面计划并定期回顾。

写下规则、期望和结果可以增加父母和孩子的责任感。在制订计划时要尽可能避免诸如"上网时应谨慎选择"之类含糊的措辞。最重要的是,每隔一段时间就要回顾你们的计划,至少每3~6个月回顾1次(可以在你的日历上做标记,提醒自己)。因为很多时候,父母会在制订好一个计划后,就把它塞进抽屉里,再也不去想它。这个计划是孩子成长的见证,能帮助他们不断提升自己各方面的能力,其独立性也会日益增强,这样他们在长大后便能做到自我监督。

孩子:我真的很想要下载那个游戏应用。

家长:它是我们在写计划时拒绝的应用程序之一吗?

孩子:是的,但你说过如果我考得好,那我们就还可以再商量商量。你看,我这次考得还挺不错。

家长:好吧。先让我查一下这个游戏应用的信息,别的我们明天再谈。

3. 多想想科技带来的好处。

尽管使用电子科技设备需承担一些风险,但我们不得不承认其优势所在。网络的发展为教学工作的开展提供了极大的便利，师生可以在网络上进行在线视频教学、在线批改作业、查询成绩、分享学习资料等活动。此外，随着智能手机在青少年群体中的普及，社交媒体和游戏已成为孩子间交流的重要方式，他们经常通过这些社交媒介来开展一些积极向上的对话，比如鼓励、赞美别人，或是逗别人开心。所以，如果父母可以用短信或其他通信软件与孩子进行友好的沟通，又或是在与孩子沟通时使用当下流行的网络用语，那么你那正值青春期的易怒的孩子在和你交流时，就很有可能会因此而变得更加健谈。

4. 利用科技来管控科技。

父母通常认为，他们可以通过"抽查"和时间限制，对孩子的电子设备使用情况进行全面的管控。然而事实上，孩子绕过父母和网站用户协议所设定界限的能力要远超成年人的想象。毕竟，成年人不必为了上网而耍小聪明，没办法做到与孩子感同身受。所以，父母应该充分利用各种可用的工具和手段。这包括：父母的直接管控、禁止孩子接触限制级内容、使用不受孩子欢迎的家长控制程序。家长控制程序不仅可以监测并预警不健康的网络搜索及内容，还可以直接拦截那些不当的内容。虽然这些管控工具并不能做到十全十美，也无法取代细心的父母，但它们可以在一定程度上阻止孩子用手机做出冲动的决定。

家长：看，我下了个新软件。它能让我了解你最新的搜索历史和你感兴趣的话题。

孩子：如果我搜索一些你不想让我搜索的东西，你发现了会找我的麻烦吗？

家长：比起找你的麻烦，使用这个软件更重要的是让我知道你的问题所在。这样我们就可以留出一些时间来谈谈这些问题该如何解决。

5. 光明正大地监控，而不是偷偷摸摸地监视。

要让孩子知道，父母关心他们对电子产品的使用情况，是百利而无一害的。只有在父母的管控下，孩子才能做出正确的决定，才能有机会向成年人传达自己的担忧和压力。父母应当告诉青少年自己的监控范围和计划，并明确指出除了定期检查孩子的手机以外，只要孩子可以证明自己能够善用电子设备，那么父母就会尊重孩子的个人隐私。

家长：你知道怎样有效阻止孩子间互发裸露照片吗？很简单，让他们知道这些照片有可能会被父母发现就行。

孩子（震惊）：天啊，如果你们看见我朋友裸露的照片，那可就太糟糕了。

家长：如果你朋友的父母看到你的裸照，那你会怎么想？

孩子：绝对是噩梦。

家长：所以这是件很严肃的事，你得三思而后行，不是吗？

◆ **试试这样说**

每个孩子都难免会有犯错的时候。我们都希望他们犯下的错误尚有挽回的余地，然而社交媒体的特性使得孩子稍有不慎就会犯下大错。孩子需要知道，尽管父母明白这个年纪的孩子有一定的思考能力和遵纪守法的意识，但当他们犯错时，仍需要父母给予他们帮助和指导。因此，假如孩子再犯错，家长不妨这样和孩子交流：

试试这样说	不要这样说
每个人都有犯错的时候，毕竟人无完人。	我们已经谈过很多次了，你怎么还是不明白？
如果你不能遵守规则，那么你将失去手机的使用权。	把你的手机给我，我再也无法忍受看着你玩物丧志了。
我看到你朋友在社交媒体上发了一些不当的东西。我们谈谈吧。	拉黑他。他发的显然不是什么好东西。
我会密切关注你在网上的活动。因为对一个孩子来说很难独自管理好自己的行为。	你最好不要在网上做傻事，否则你在 16 岁之前都别想用手机。

从前我怎样跟孩子说？

_____

_____

_____

_____

_____

_____

_____

以后我要怎样跟孩子说？

_____

_____

_____

_____

_____

_____

_____

◆ 阅读心得

我的孩子遇到过哪些类似的问题？

___

___

___

___

___

我之前是怎样做的？

___

___

___

___

___

今后我可以怎样做？

___

___

___

___

___

发展技能与培养责任心

对于孩子来说，从小学升入初中无疑是一个令他们手忙脚乱的大事件。他们的身体正在发生变化，社交在他们生活中的比例也逐渐提升，就连外界对他们的要求也随着年龄的变化而提高，期待他们能够比之前表现得更加富有责任心、有担当。尽管这时的青少年在身形上已经越来越接近成年人，但是他们中的绝大多数人还是很难始终如一地满足外界的期望。家长能做的就是帮助孩子远离危险，为他们提供支持，鼓励他们学习新技能，帮助他们学会处理失望情绪，教他们在最需要帮助的时候如何寻求帮助。

◆ 父母应该优先考虑哪些问题

我在工作中经常会接触到一些父母，他们觉得自己的孩子缺乏承担责任的意识，这也常常使父母感到不知所措。在谈及自家的孩子时，他们常常会这样说："她从不在意自己的成绩""他从来不打理自己""她的房间脏乱得就像是垃圾场一样""他总是磨磨唧唧，不熬到半夜从不睡觉"。父母们看不下去自己孩子混乱的生活，却又对此感到无能为力。孩子还可以像以前那样享用"特权"吗？应该放任他们自由吗？还是教训他们一通？或者说强化他们的优点，忽视缺点呢？为此，家长的应对措施可谓是花样百出，但实际效果却又总是令人感到失望。以下这些问题或许能为家长带来一些启示：

1. 这件事对成年人来说是必不可少的吗？

如果一件事并不妨碍孩子成长为一名正常的成年人，那么不妨考虑一下为了这件事而争吵是否有必要。例如，即便一个人从不整理床铺，脱下的衣服从不整齐地挂在衣柜里，而是随意扔在地上，并且爱吃没营养的早餐，那也不会妨碍他成为一名有作为的成年人。然而，相比之下，如果他们高中没毕业，不知道如何节约，从不按时上班，经常睡眠不足，不知道如何在人际关系中设定界限，那么他们就很难成为一个大有作为的成年人。所以，与其揪住生活中的鸡毛蒜皮不放，不如专注于更重要的事情。家长应该在这些重要的方面给予孩子细致的指导，在他们做得好的时候鼓励他们，在他们遇到困难的时候帮助他们。

2. 你是在帮助还是阻碍他们的成长？

弄清这个问题非常有必要。当为孩子规划生活时，父母通常会觉得自己是在帮助或支持孩子。他们的孩子可能什么都不用做，父母会为他们包办一切。这些父母为孩子规划好生活、学习的方方面面，每天早上收拾孩子的书包，为孩子填写课外实践申请，打扫他们的房间，给老师发邮件询问问题，安排孩子与同龄人的社交，等等。虽然初衷是好的，但父母的过度干预可能会让孩子在需要独当一面的时候，感到无助和不知所措。

父母这样做也会让孩子产生依赖心理，会抑制他们主动做事的动力，也会让他们在面对失败时失去坚持的勇气。

◆ 如何培养青少年的责任心

1. 明确指出你希望他们做到的事。

不要整天用口头指示、短信提醒、愤怒的叹息和训斥来折磨你的孩子，而是应该明确地指出一两个孩子需要改进的地方，并向孩子提出具体的要求。比如：按时起床，提前做好上学的准备，放学后按时回家，培养适合孩子年龄的就寝习惯，独立完成家庭作业等。父母应当重点表达你们想要孩子如何去做，而不是一味地指出孩子犯错的时间和次数。

家长：嘿，宝贝。让我们一起想想每天的上学计划吧。

青少年：嗯？什么上学计划？

家长：每天早上为了让你能够按时起床去上学，我的嗓子都要喊坏了。

青少年：是的，这样确实不太好。

家长：可你现在已经上初中了，我希望你可以独立一些。

2. 重点培养那些对孩子发展有益的技能。

当与孩子讨论应当掌握的技能时，父母不应泛泛而谈，而是应该把重点放在具体策略的实施和日常规划上，并且要让孩子认同掌握该项技能的重要性。如果父母仅仅是指责孩子不掌握这项技能就会陷入一团乱麻的生活，并且毫无作为，那么这样的指责既不会对孩子掌握技能有任何帮助，也不会让孩子领情。与其这样，父母不如明确地说出自己的期望，然后与孩子好好谈一谈，一同制订行动计划。

家长：我在想，与其让我在早上唠叨你，不如我们一起制订一些策略，好让你独立早起。我知道你早上只是想多睡会儿懒觉。

青少年：我眼睛都要睁不开了，你吼我的时候我也很不耐烦。

家长：我们从定闹钟开始怎么样？不如把闹钟声音调大，再把它放远一点，这样闹钟一响你就不得不下床去关掉它。

青少年：这听起来可不太妙啊。

家长：确实不太妙。但和我早上一遍又一遍地吼你相比，可要好得多了。

青少年：确实是这样。那我们能把闹钟调成音乐响铃，不要嗡嗡声吗？

家长：我们可以这样试几天。但如果你还是无视它，那我们就不得不把它调成嗡嗡声了。

这样一来，你们就可以一起来一场头脑风暴，想出闹钟的类型，还可以想出闹钟的替代策略，比如：打开百叶窗睡觉，这样早上的阳光可以帮你唤醒孩子；在前一天晚上商量好合理的熄灯时间；准备好可以在上学路上吃的早点；如果孩子起晚了，错过了校车，就必须支付父母开车送他们上学的油钱，等等。

3. 父母应决定以什么样的角色来帮助、支持孩子。

在上述的例子中，家长可能会购买新闹钟，为孩子备好方便的早餐，并在校车到达前 10 分钟进行口头警告。剩下的任务将由青少年独立完成，而青少年往往更愿意在那些不需要自己承担全部责任的计划上投入更多的精力。随着孩子独立程度的日渐提高，父母可以逐步退出计划，或者将计划拓展到新的挑战中去。

4. 如果孩子不遵守协议，父母要确定如何惩罚。

如果青少年没有在上床睡觉前设置好闹钟，他可能就会失去放学后玩电子游戏的机会。如果他按时起床，却仍然不能按时完成早上的任务，那么第二天的闹铃就会被调早 10 分钟。你们可以一起制订一个合理的计划，因为如果没有任何惩罚的话，那么这些青少年就会等着他们亲爱的爸爸妈妈来帮他们完成所有的事。

◆ **试试这样说**

当青少年不履行他们的责任，尤其是那些我们认为是基本的、符合他们能力范围的责任时，父母会感到沮丧、愤怒和不被尊重。父母往往在孩子琐碎的日常生活中充当管理者的角色，他们密切关注孩子的每一步，坚持让孩子按照自己的标准做每一件事，或者扬手说："好！就这样做！不要想结果的成败！"可实际上，父母需要为孩子在履行自身责任这方面设定合理的预期值，从而培养孩子的责任心。以下是一些有助于父母阐明自己观点的语句：

试试这样说	不要这样说
让我们一起来解决这个问题。	你有毛病吧？
你需要帮助吗？	你为什么不能这么做？
你可以这样做，但这需要练习。	你这个年纪不该这样。
一旦你能独自处理这件事，我想你会为自己感到骄傲的。	我对你很失望。

从前我怎样跟孩子说？
_____
_____

以后我要怎样跟孩子说?

◆ 阅读心得

我的孩子遇到过哪些类似的问题?

我之前是怎样做的？
_____
_____
_____
_____
_____
_____
_____

今后我可以怎样做？
_____
_____
_____
_____
_____
_____
_____
_____
_____

施以管束还是放任自流

我们在给孩子更多自由的同时,该如何在青春期这个阶段提供合理的框架和有序的指导呢?这里有一些办法可供家长参考:

施以管束	放任自流
在晚上规定的就寝时间过后偷偷上网	拖延症(如果没有实质性的伤害)
因不努力或不够努力导致成绩下滑(收回某些权利和取消娱乐活动)	偶尔成绩下滑或漏交作业
持续的抱怨或消极的想法	偶尔发泄不满情绪

第 4 章
青春期晚期：关于性的世界

(多发生在 15~18 岁)

少年（被网络上的黄色笑话逗得开怀大笑）

我（陷入沉思）：等等，她怎么知道这个笑话的意思？我们可从来没聊过这个！

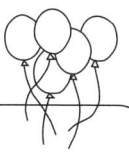

　　15~18岁的孩子处在青春期晚期，他们恰好在读高中。父母常说，在这一时期，与孩子之间的相处更像是一场"拉锯战"，因为青少年认为他们什么都知道（但事实上并非如此），需要体验独立（但事实上会犯很多错误），并有可能陷入自认为非常成熟的恋爱关系（但实际上这段恋爱关系并不成熟）。当孩子处于青春期晚期时，父母的角色可能也会有所不同。有些青少年在进入青春期晚期后，会形成良好的职业道德，具有较强的能力，并且有明确的个人目标。除了需要父母敦促他们保证足够的睡眠和偶尔与家人出去玩之外，这些孩子似乎并不需要什么监督。对于这些青少年来说，父母对他们的支持是最重要的，比如申请大学助学金、学习避孕知识等。相比之下，其他的青少年则还在为那些父母认为成年必备的生活技能而挣扎。他们可能学习成绩一般、难以找到工作、没有健康的社交圈，甚至可能连独立处理日常事务都难以做到。父母逼迫孩子学习这些技能，很有可能会激发其与孩子之间的矛盾，进而导致亲子关系的破裂。因为青少年虽然需要来自父母的建议与指导，却不怎么能听得进去这些建议。无论是父母还是孩子，面对青春期晚期都会感到十分煎熬，但这一时期终究会过去，只不过大多数父母很容易因为自身和孩子的焦虑感而忽视这一点。

　　此时的青少年很少与父母待在家中，因为在他们心中，不论是学习还是一些课外活动，都比他们的父母要重要得多。与这时的青少年沟通，往往会出现两种极端情况：一种是温暖但并不频繁的沟通；另一种则是像高风险的商务谈判一样艰难。此时的青少年，在青春期过程中身体变化最大的阶段已经过去，他们的身体与成年人别无二致。而考驾照、课余兼职、自己决定选修课和约会等里程碑式的事件，都使得青少年的生活更加接近于成年人的生活。所以，这个年龄段的青少年经常被问道："毕业后想做什么？"或"你对什么职业感兴趣？"父母和青少年都意识到他们是时候对未来做出一些规划，并且青少年很可能会与同龄人在学业前景、运动能力、工作技能、旅行或生活安排方面不断做比较。

青春期晚期的孩子的特征

生理方面

值得庆幸的是，到了这个阶段，大多数青少年的青春期身体发育已经接近尾声，但对于男孩来说，痤疮和活跃的汗腺可能仍会"阴魂不散"。青春期晚期，父母和孩子的主要任务不再是应对身体上的变化，而是要去思考该如何利用这些变化。

这个年龄段，"性"在身份认同上起到了决定性作用。青少年可能会问自己这样的问题："谁更吸引我？""我准备做什么？""我的感受与我的家庭观之间有何关联？""我和别人的关系如何？""与某人的感情需要发展到哪一步，才能与他/她发生性关系？"他们也会思考"性"、谈论"性"、阅读"性"、在网络上和电影中观看"性"（不论是真实的还是模拟的"性"），并且很可能会去尝试性行为。在"性"这方面，如今的青少年比父母当年所了解的要多得多，因为时代的便利，他们可以轻易地接触到无穷无尽的信息，然而这些信息并非完全正确。与此同时，青少年很容易在网络上接触到色情信息，他们甚至会被猖獗的色情信息所包围。

在处理与"性"相关的问题时，一些父母可能会无比怀念孩子青春期中期的时光，相比之下，那时父母与孩子间的"权力之争"竟显得如此和缓、美好。但当孩子进入青春期晚期，父母就不得不做出决定。针对"性"，究竟是单刀直入，还是避而不谈？也许在如何与孩子谈论"性"这一问题上，你有自己的见解。但研究表明，在与青少年谈论性问题时，开放自然的态度将更有助于青少年在性方面树立起积极健康的观点。

情感方面

大多数青少年在这一时期都会经历激烈的情感动荡，不仅仅是因为他们对性日益清晰的认知，还因为他们本身对独立做出重要选择的强烈渴望。他们明白自己现在做出的决定会对未来的人生走向产生重大的影响，因此无论是在学业上、运动上，还是在一段恋爱关系中，青少年都希望自己可以表现优异，然而这一内在需求也会给他们带来一定的焦虑。处于这一阶段的青少年很容易产生叛逆的心理，因而他们会去尝试那些父母明令禁止的事，譬如去尝试喝酒、吸烟、早恋，又或是在考虑高中毕业后的规划时,他们有着与父母期望不同的选择。与此同时,他们还有较强的戒备心,会刻意向父母隐瞒许多事,遇到困难也不会向更有经验的人寻求帮助。因为在青少年看来,父母只会不分青红皂白地说教或责备他们。这就导致青少年一方面觉得自己正在做正确的事,另一方面又担心自己的举动会令他人感到失望。他们在这二者间不断徘徊,难以找到平衡,从而感到无比焦虑。

社交方面

青春期晚期的青少年在身份认同这方面仍处于探索阶段,因此他们的友谊仍旧是起伏不定的状态。真正的友谊应当建立在亲密无间的感情、共同的经历,以及坚定的信念的基础上,而这坚定的信念正是维系友谊中关怀性、如一性和愉悦性的重要纽带。人际交往过程中难免会产生一些小摩擦,但是青少年很难分清这些行为究竟是正常的摩擦还是偏激的有害行为。因此,缺乏这一辨别能力的青少年很有可能会与控制欲极强的人交往,深受同辈压力①的影响,又或是与朋友在绝交与和好之间反复纠缠,而这些情况一旦被父母所知晓,只会令父母压力倍增,徒增忧愁。

---

①同辈压力,指因害怕被同伴排挤而放弃自我做出顺应别人的选择,也指因同辈(即与自己年龄、地位、所处环境相似的人)取得的成就所带给自己的心理压力。

大脑的变化

青春期晚期,青少年大脑的发育进程已完成近80%。其中负责计划、决策和自我控制的大脑额叶,发育速度最为缓慢,其发育进程要远落后于大脑的其他区域。所以,青少年那些令人摸不着头脑的叛逆行为,例如情绪波动大、冲动易怒、偏爱冒险等,也都有了合理的解释。除此之外,由于释放多巴胺的神经回路十分活跃,青少年的大脑会对"奖励"产生持续性渴望。多巴胺是一种神经递质,会在人们兴奋时传递所感受到的冲动。这也就意味着,在多巴胺的驱使下,青少年会沉迷于当下的(或即将到来的)快乐,比如,他们会沉迷于视频、游戏,会赖在床上无法早起,或为了贪图一时的欢愉而忘记做好避孕措施。

青春期晚期的孩子可能出现的行为

这个年龄段的青少年会减少对父母的依赖，并更倾向于结交同辈朋友。他们的生活方式可能会发生翻天覆地的变化，甚至会与过去在父母干预下形成的生活方式截然不同，尤其是在那些父母参与度低、无法干预的场景下，比如在放学后兼职时、社交媒体平台上或课外活动中。一些青少年认为父母总是操心过度，例如，父母总是会担心自己有没有受伤，有没有为未来做打算，有没有做好每一件事，等等。然而，相比于过度干预，我们不如放手让青少年独自探索，并在必要时施以援手。

冒险行为

青春期晚期的青少年总是热衷于冒险，尽管等他们到了二十几岁时也依旧如此，但青春期晚期永远是青少年在各类冒险中受到伤害的高发期，不仅仅因为他们缺乏做出明智决策的能力，还与他们抱有"这种事不会发生在我身上"的侥幸心理有关。这个年龄段的青少年可能都听说过一些可怕的故事，譬如：有同学在喝醉后游泳溺水身亡；一个高中生在一场摩托车事故中不幸去世；又或是一个朋友的朋友的朋友在山顶自拍时不慎掉下了悬崖。但通常情况下，这些故事对青少年而言并不会产生太大的影响，尤其是那些因青少年决策不力而产生的悲剧，因为青少年知道这些悲剧故事的结局大不了是令父母生气一场，再狠狠惩罚他们一顿。青少年冲动的冒险行为，再加上他们缺乏远见和自以为战无不胜的错觉，都会让父母感到担忧，进而在相信自己的孩子"有头脑不至于出事"和担心潜在的最坏情况之间摇摆不定。

◆ 为什么青少年会有冒险行为

这个年龄段的青少年拥有许多成年人才有的自由，例如，考驾照、较少的监督和获得金钱的机会。他们还并不成熟，无法始终如一地做出负责任的决定。然而，这种刺激多巴胺释放的冲动是真实存在的，没有它，青少年会感到无聊、不安和不耐烦。因此，青少年会不断地选择冒险以寻求刺激。有时，青少年会不满足于一般的活动所带来的刺激，会不由自主地想要更多、更深层次的刺激感受。想象一下，在一个周五的晚上，父母不在身边，青少年不仅有机会喝酒、听欢快的音乐，身边还有一群同龄的朋友。这一晚，青少年可能会酗酒，可能会在社交媒体上发布一些不太雅观的照片，这放纵的夜晚可能会在事后令他们感到懊悔，又或是给他们带来难以磨灭的伤痛。可问题是，青少年为什么会如此轻易地尝试冒险行为呢？

1. 青少年是超理性的。

许多家长都认为，青少年不知道自己的行为有多危险，但实际上，青少年对每种行为的风险程度都了然于心。不过，青少年倾向于"超理性"——这是丹尼尔·西格尔博士（Dr. Daniel Siegel）创造的一个专业术语，指的是青少年对利益的关注要远超过对风险的忌惮。得益于社交媒体的发达，如今的青少年比以往任何一代人都了解更多关于冒险行为的信息，哪怕是发生概率极低的悲剧故事也可以为世人所知晓，父母讲述他们自己曾经的冒险经历，同时学校也做出了与之一致的努力。然而，即使青少年知晓这些，父母与学校所做的风险教育也十分到位，青少年还是会在你问"为什么要这样做"时，反驳道"为什么不呢"。所以，在青少年看来，"为什么不"永远比"为什么做"更有吸引力。

2. 青少年深受朋友的影响。

当青少年有同伴来强化他们已经扭曲的思维时，他们更容易因冲动而做出决定。想想自己年轻时那些令人兴奋（或羞愧）

的故事吧，它们不会在你独自在家做代数证明的时候发生。当孩子的身边至少有一名同龄的朋友，并且他们的身边正好还有其他一些风险因素，比如酒、无人监督的时段，那么父母的警告就会被孩子抛在脑后，取而代之的是其大脑中一个巨大而闪亮的指示牌，上面写着："就这样做吧！一定超级嗨！"这就是为什么青少年明明深知某些行为背后隐藏着巨大的风险，但依然横冲直撞，一定要去做。特别是随着社交媒体的发展，青少年与同龄人之间的沟通方法和交流维度得到了进一步拓展，这更提高了他们因朋友的影响而做出缺乏理性的决定的概率。

◆ **如何帮助青少年做出更安全的选择。**

父母总是承受着巨大的压力，因为他们知道孩子在探索世界的过程中并不全是一帆风顺的，难免会遇到危险。有时即使只是目送孩子开车上学，或者只是想到他们要在兼职结束后独自穿过漆黑一片的停车场，就会令父母紧张得难以呼吸。更别提那些青少年想要主动尝试的危险行为，比如吸烟、性行为，或者去一个陌生人的家里参加派对。因此，当父母发现孩子正要或已经参加危险活动的蛛丝马迹时，譬如频繁地在周五晚上翻看手机、准备参加舞会，或是房间里若有若无的烟味，这些细枝末节都会令父母警铃大响。如果你正处于这样的高度戒备之中，下面的一些方法可以帮助你指导孩子做出正确的选择。

1. 认识到这是青少年成长过程中的必经之路。

尽管父母很想有一台时光机，好跳过青少年这段冲动莽撞、热爱新奇的日子（最好能用时光机把他们带到未来，那时的青少年已经长大成人，再也不会一直向父母讨要零花钱了），但是父母更应当明白这一阶段对于青少年成长的重要性。青少年需要经历脱离父母的庇护、犯错和尝试新鲜事物的过程。这不仅可以帮助青少年在成年人的正确引导下试探出自己的极限，并及时做出调整，还可以帮助他们更好地适应由青春期迈向成年期的转变。青春期晚期的青少年，大多都情绪起伏强烈，热衷于社交，这些特点都有益于他们尽早摆脱对家庭以及对父母的依赖。而此时的父母无论查阅多少资料，都很难接受孩子对自己的疏离感，但不可否认的是，此时亲子间的疏离感将有助于孩子尽早走向独立。在此期间，父母能做的就是提醒孩子注意安全。另外，父母还应当时刻关注自己的身体健康状况，毕竟在这种高压环境之中，身体才是革命的本钱。父母可以通过各种方式放松身心，比如：保持充足的睡眠，发泄负面情绪，从朋友或自己的父母那里获得安慰，花时间探索自己的兴趣。只要不是守着孩子的宵禁时间倒计时，做什么事情都可以。

家长： 你今天打扮得真漂亮，准备去哪儿？

青少年：我正准备去参加艾登家的派对。

家长：那你知道要怎么保证自己的人身安全吗？

青少年（叹气）：……知道，我会一直和朋友待在一起，也不会喝太多酒影响我的判断力，派对结束了我就会和朋友一起打车回家。杰西会和我一起回来，她要留在咱家过夜。哦对了，我手机里有钱，信用卡我也带着了。

家长：如果你有什么需要就直接打电话给我，不论多晚都可以，知道了吗？

2. 鼓励青少年自我反省。

在我还是一名学校心理学研究员时，我们的教育团队经常通过询问这样一个问题来检查青少年是否存在不当行为："这个孩子究竟需要什么？"问题的答案并不唯一，他们可能想要来自外界的关注、增强自我控制力、恰当地刺激、建立社交关系，又或者他们只是想要避免恐惧和尴尬的情景。一旦我们弄清楚孩子的需求，就很容易找到合适的方式来满足他们。在咨询中，我经常引导青少年首先考虑那些他们最想要满足的需求。通常情况下，青少年最想满足的需求是获得父母的关注或一段浪漫的爱情。另一些青少年则表示，他们觉得生活有时"太过繁杂"，而他们的情绪又太过于激烈，因此他们只是想转移自己的注意力，好摆脱现实生活中的压力。还有一些青少年则热衷于用寻求刺激的快感来掩盖自身焦虑不安的情绪。在我看来，引导青少年对自身的情绪变化保持正确的认知和警惕，并及时地自我反省，可以帮助他们选择以亲社会行为[①]的方式来满足自己的需求。

家长：嘿，你还好吗？

青少年：怎么了？

家长：你看上去焦躁不安，而且你一直在看手机。发生什么事了吗？

青少年：我给几个朋友发了短信，想看看今晚有没有人要出来聚一聚，但是他们都还没有回我的短信。

家长：你是太孤独，所以想找人聊一聊吗？还是想找点儿有意思的事来解解闷？

青少年：我在学校里憋了整整一个星期，我想去踢场足球，或者绕着湖跑两圈也行。总在家里坐着我可受不了，我都快要憋疯了。

在这种情况下，父母很容易就可以猜出孩子焦躁不安的原

[①]亲社会行为，又叫利社会行为，是指符合社会希望并对行为者本身无明显好处，而行为者却自觉自愿给行为的受体带来利益的一类行为。

因所在。这名青少年不必在发泄负面情绪上浪费太多时间，更不必为了无法外出活动而大发雷霆。家长应该鼓励孩子"自省"，仔细想想他们自己希望被满足的需求是什么。如果让上面的对话继续下去，父母很快就能帮助孩子找到最现实的替代方式来满足他们的需求。

◆ 教孩子做决定

家长应当注意的是，这里的意思并不是"帮助孩子做决定"，而是引导孩子做出正确决定。

1. 青少年往往难以控制自己激动的情绪，因此父母要不断强调：你可以控制自己做出决定。

父母应当指导青少年，让他们在做出决定前与伙伴们进行沟通，或者让他们在做决定之前，先深呼吸 5 次，让自己冷静下来再说。为了让孩子更好的理解控制情绪的意义，父母可以带着孩子一起练习，教孩子如何冷静地思考。

2. 不做决定也是一种决定。

比如，孩子需要邀请舞伴一同参加毕业舞会，却因为迟迟没有定下合适的舞伴人选，而白白浪费了时间。虽然表面上看他只是没能决定好舞伴人选，但实际上他心里已经决定要独自参加舞会，又或是压根不想参加这场舞会。同样的因果关系也适用于孩子生活中的其他诸多情况。

3.学会利用直觉。

由于青春期大脑的快速发育，青少年会更倾向于超理性的思考模式，这就导致他们更看重对自己有利的方面。所以青少年在做决定时非常有必要将决策和大脑中的直观思维相联系。也就是说，青少年在做决定前应该先提出疑问："这感觉对吗？""这真的能让我得到自己想要的东西吗？""这值得让我为此惹上麻烦或受到伤害吗？"因此，如果青少年在做决定时更注重大脑的超理性直觉思维，而不是随性做出决定，那么他们就可以做出更为明智的决策。

青少年甲：我们去湖滨路上赛车吧。我们可以互相计时，看看我们从公园开到湖边要几分钟。

青少年乙：哥们，那条路上风可大了，而且现在天都黑了。

青少年甲：我知道，但这真的特别有意思。上周我和戴夫就一起去赛车了，他用了6分钟，而我只用了5分半钟。我还想着打破自己的纪录呢。

青少年乙：兄弟，说真的，我是不会这么做的。不如我开车带你去公园打篮球吧。

◆ 试试这样说

面对青春期的孩子，父母的压力总是非常大。由于青春期大脑发育的特点，青少年总是热衷于冒险，并且丝毫不顾父母的担忧，更不会依照父母的建议行事。因此，父母很难对青春期的孩子实施"放养"政策。虽然不是每一位青少年都热衷于冒险，但大部分的青少年都会时不时地做出试探性的举动。所以父母必须保持与孩子之间沟通渠道的畅通，并以委婉的方式提醒孩子注意安全，谨慎用语，好让父母与孩子双方都能够安然无恙地度过青春期这一短暂却又十分煎熬的特殊时期。因此，为了引导孩子做出正确、理智的决定，父母不妨看看以下示例：

试试这样说	不要这样说
你是不知道该怎么办了吗？	你是不是疯了。
在你做决定之前，我们不如先考虑要注意些什么。	我说了不行就是不行。
你还是个孩子，却要在这种情况下做出成年人的决定。	你什么都不知道，别不懂装懂。
让我们深呼吸，冷静一下。没必要现在就做决定。	随便你！你想干什么就干什么，后悔了可别来找我哭。

从前我怎样跟孩子说?

以后我要怎样跟孩子说?

◆ 阅读心得

我的孩子遇到过哪些类似的问题?
_____
_____
_____
_____

我之前是怎样做的?
_____
_____
_____
_____

今后我可以怎样做?
_____
_____
_____
_____

建立界限

社交互动中最难、也是最具挑战性的环节就是理解"界限"的含义，以及学会如何建立起自我界限。广义上说，界限指限制或范围，用来确保个人的安全与隐私权。每个人都应该有自己的界限。我们不仅要建立并维护自己的界限，同时也要承认、尊重他人的界限。如何正确回应外界对自我界限的冒犯，也是青少年在建立自我界限时必学的技能。

对于青少年而言，建立界限是非常困难的一件事，因为青少年更希望融入集体，渴望被同龄人所接受、包容。除去这一心理因素，建立界限还要求青少年具备自省反思的能力，而这一要求恰好与青春期大脑发育的生理特点相悖，无形中也加大了青少年树立界限的难度。仅仅将界限建立起来是远远不够的，青少年还要学会如何维护自己的界限不被冒犯。虽然建立界限十分困难，但它却可以带来巨大的回报。因为在建立起自我界限之后，青少年不仅会感到自己变得更加强大、更有控制能力，还会感受到外界因为界限而产生的友善态度。

◆ 为什么青少年需要建立适当的界限

1. 保证青少年的人身安全。

有明确界限感的青少年可以更好地掌控自己的时间、隐私和身体。适当的界限可以让青少年明白该如何避免与他人不必要的身体接触、规避危险。

2. 保证青少年的性安全。

性安全是一个十分棘手的问题，但不可否认的是，正确树立自我界限有利于青少年正视自己的欲望，维系与朋友之间的关系。

3. 保证青少年的情感安全。

在提供咨询服务时，我经常告诉年轻人："你不需要为别人的情绪负责。"与之相对应的是，"他们也不该对你的情绪负责。"因此，青少年可以通过以下"六个不"来稳定个人情绪，维系情感安全，即：不责怪他人，不接受没有根据的指责，不为他人的负面情绪感到内疚，不过分依赖他人对自己的看法，不受情绪控制，不对他人的评论过于敏感。

◆ 为什么青少年难以设定界限

青少年难以设置界限的主要原因是没有人教他们如何来设定。设定界限这一技能并非天生，而是要通过后天的学习得来。通常情况下，青少年需要家长或看护者以直观明了的方式就如何设定界限开展长期的指导。除此之外，青少年难以设定界限还有以下原因：

1. 害怕让别人失望。

尽管此时青少年一直保持着超理性的利己思维方式，但他们却很难将自己的需求优先于朋友的需求。因此，青少年时常会陷入这样的窘境，比如：如果我最好的朋友被没收了电脑，我又舍不得把自己的电脑借给她，她知道的话会生我的气吗？

2. 感觉自己没有足够的能力来设定界限。

如果你的孩子一直被教导必须服从大人的指示，那么他们就会因为没有主见、害怕惹上麻烦而无法建立起自己的界限。这样会导致孩子一味地服从来自领导者的指令，忽视自身的感受并且不敢提出反抗。

3. 害怕让自己显得愚蠢或尴尬。

这个年龄段的青少年总是喜欢摆出一副沉着冷静的成熟模样。他们担心为了维护自我界限而拒绝别人的请求，会让自己陷入尴尬的处境。

4. 无法确定自己的感受。

随着青少年年龄和发展阶段的变化，他们的自我界限也会随之发生变化，并且他们对待事物的看法也不再是单一的喜恶。因此，青少年常常会难以分辨自己变化无常的感受，导致他们无法树立起明确的自我界限。

◆ 如何帮助青春期晚期的青少年建立起合适的界限

1. 树立榜样。

这一点至关重要。如果青少年看到父母因为工作繁忙而拒绝加入学校委员会,在杂货店排队时坚定地拒绝陌生人的插队,坚持维护个人隐私,或者是拒绝长辈对于婚姻的干预,那么父母就在为青少年做榜样。除了树立正面的榜样形象,父母若能与孩子讨论一下自己在设定界限时的失败经验,也是有利于青少年成长的("当时我并不知道该如何拒绝你的祖母进产房,所以就导致那时产房里的每张照片上都有她的身影")。

将对界限的讨论融入日常的闲聊之中,用电视节目、新闻,甚至是名人八卦来举例说明界限的重要性,可以有效降低青少年对界限的压力感。

女儿:安德鲁邀请格蕾丝参加舞会了。

家长:她答应了吗?

女儿:她不想和他一起去,可他们是好朋友,她又不想伤害他的感情。安德鲁真的很喜欢她,想和她交往。

家长:你觉得既然她不想和他一起去,那她还应不应该和这个人约会呢?

女儿:不应该这样做。我觉得她应该委婉地告诉他自己不想去。

家长:听起来是个好主意。她是个善良的女孩,但这并不妨碍她把他们之间的关系界限设定为普通朋友。

2. 教他们在自己的界限被冒犯时如何应对。

家长应教导青少年，当界限被冒犯时，他们应坚持自己的价值观。

家长：你今晚要和托马斯出去吗？

儿子：不，我生他的气。

家长：怎么了？

儿子：我把玛德琳告诉我的事和他说了，结果他又去和玛德琳说我不保守秘密。

家长：所以你告诉了他一些关于你女朋友的秘密？

儿子：是的。我本以为他是个值得信赖的人，如今看来是我错了。

家长：那你现在准备怎么办呢？

儿子：我现在还在气头上，等我冷静下来，我要让他知道他已经失去了我的信任。我以后再也不会和他分享秘密了。

家长：你和玛德琳还好吗？

儿子：她还在难过，但至少她让我解释了。我们会和好的。不过，我确实长了教训。

3. 帮助青少年理解何为"同意"。

一般来说，"同意"的意思是"给予许可"，比如说同意朋友借用自己的手机，同意借给朋友一些钱，或同意朋友来家里玩。更具体地说，"同意"还包括性行为方面的自愿和允许。这就意味着，性行为是在自愿（不受强迫）且有意识（不受药物、酒精、无意识或睡眠的影响）的情况下进行的。此外，如果双方的权力地位不对等（例如有一方是权威人物），此类情况下产生的"同意"就不能作数。

事实上，学龄前儿童就应当建立起"同意"的概念，甚至还可以更早。通常情况下，家长往往会教女孩如何判断自己是否可以同意别人的请求，而教导男孩如何接受同意，但实际上男孩和女孩都会遇到这两种情况。因此，我们要从这两个角度加强孩子对于"同意"这一概念的学习、理解。

即便是家人之间，我们也要尊重彼此的界限。假如父母遇到两姐妹在睡前因为床位而起了争执，这时的父母该如何解决呢？父母应该表示理解并尊重，因为每个人都有权睡在自己的床上。就好比，如果孩子不喜欢这样，那就别开这样的玩笑；如果孩子不想让母亲对自己参加舞会的礼服、妆发指指点点，那么母亲可以委婉地表达自己的看法，而不是对孩子摆臭脸、发脾气。孩子需要被允许表达自己的意愿，需要被允许说"不"。当他们说"不"的时候，父母应该耐心倾听，与孩子大方地讨论这一问题，并告诉他们用什么样的语言拒绝别人更加礼貌、有效。除此之外，父母还可以与孩子以角色扮演的方式练习如何说"不"。

青少年：嘖，我讨厌在自习室里学习。

家长：嗯？为什么？

青少年：因为泰勒总是想坐在我的旁边，而且不管周围有多少空座位，他总会挤在我旁边的桌子上，紧挨着我。

家长：这确实挺烦人的。让我们想想你该如何拒绝他，这样你就不用和他坐在一起了。你之前和他说过你不想让他坐得这么近吗？

青少年：没有，我只是大声地叹气，不停地翻白眼。

家长：试试这样说呢——泰勒，你去那边坐吧，这样我们俩就都不会被挤扁啦。

青少年：我想或许可以把书包放在我旁边的桌子上，这样他就没法用我旁边的桌子了。

家长：好主意。不过，我觉得你也应该直接告诉他你的感受。不希望别人坐得离你太近也没关系，他会尊重你的想法的。

◆ **试试这样说**

指导青少年建立自我界限往往是个漫长又艰难的过程，因为有些孩子会格外在意同龄人对自己界限的看法。而且，如果父母担心设定界限会让自己的孩子显得粗鲁、没礼貌，又或是父母在建立自我界限这方面都有困难的话，那么就更别提教会孩子设定合适的界限了。重要的是，要为青少年树立榜样，让他们知道界限不仅是思虑周全的产物，还是十分有效的社交工具。这里有一些方法可以帮助父母指导青少年明确他们的界限：

试试这样说	不要这样说
如果她说不想约会、不想接吻、不想花时间和你在一起，那就尊重她的意见，让她独处。	再试一次。多问几次，她或许会改变主意了。
如果你不确定这样做是否合适，给我发短信，我马上就会来接你离开。	如果有人怂恿你做某事，你可以先试一试。
让我们想一些在这种情况下你可以用来拒绝对方的话。然后，让我们想想，如果你的朋友无视你的拒绝，你还可以做些什么。	直接说不（不需要进一步解释）。
你不用为他们的感受负责。善待他人，但要坚持自己的底线。	你这样做可能会伤害他们的感情。

从前我怎样跟孩子说？

_____

_____

以后我要怎样跟孩子说？

◆ 阅读心得

我的孩子遇到过哪些类似的问题？

我之前是怎样做的？
_____
_____
_____
_____

今后我可以怎样做？
_____
_____
_____
_____

铺天盖地的"性"……噢，还有浪漫的爱情

有些人早在 10 岁时就经历了性欲和好奇心的第一次悸动。随着青春期中性激素的分泌，这种悸动变成了对性行为的强烈渴望。而对于青春期晚期的青少年来说，与暗恋对象的交流互动成为他们多巴胺的可靠来源之一。

大多数父母都希望孩子能在足够成熟，获得足够的关于性在生理、情感和社会影响方面的知识（对一些人来说，这意味着要等到结婚后）后，再接触性行为。但实际上，青少年的性经历在很大程度上会受到社会背景的影响。研究表明，如果青少年的青春期开始得较早，社会经济背景较差，个性比较冲动，自尊心较弱，而且身边的朋友接触性行为的年纪都比较小，那么他们就更有可能在较早的年龄里发生性行为。除知识基础和社会经济背景之外，青少年还应有足够的安全感和情感支持，这些都有助于促进年轻人健康安全地成长。

◆ 为什么父母与青少年交流性知识如此重要

通常情况下，人们对性的态度是相对保守的。父母很少谈及与性相关的信息，更别提在孩子面前谈论性。父母对性缄口不言的态度与媒体中铺天盖地的性信息形成了鲜明的对比。不论是在新闻媒体中，还是在电视节目、音乐、社交媒体和网络上，都充斥着色情相关的信息。青少年在与同龄人的交谈中从不会羞于谈论性，但他们对性的谈论经常充斥着错误的信息、劲爆的八卦消息和外界对于性的各色评判。青少年在学校里所接受性教育的程度和质量会因地区或学校的不同而有着极大的差异。确实应该在青春期开始时就向青少年传递关于性的生理知识，不过性话题往往还会延伸至其他方面，譬如：性行为中的情感因素和其社会影响，以及关于性同意、性侵犯、性交易、怀孕、意外流产、堕胎，和关于相关法律和社会政策的讨论。在青少年的家庭性教育中，父母应当扮演着引导者的角色，并且最好在荷尔蒙开始影响青少年的决策之前与他们展开性话题相关的讨论。

父母要意识到，虽然性行为是青少年成长过程中不可回避的问题，但青少年的家庭关系将很大程度地影响他们对于性行为的看法。除此之外，青少年在原生家庭中所受到的影响还将延续到他们与同龄人的社交生活当中，即便他们已经成年，这些影响依旧不会磨灭，将伴随他们的一生。以下是父母和孩子开展性话题交流时需要考虑的因素：

1. 接受自己的身体。

青少年每天都会接收大量外界对于身体的评价。社会对"美"的标准也时常会出现在时尚风向、美容产品，以及社会名人发出的言论当中。因此，父母与孩子谈论身体的态度，将直接影响孩子对待自己身体的态度。如果外界一直贬低青少年的身体，那么他们可能就不会珍惜自己的身体，更不会在意身体健康、舒适与否。可实际上，那些重视自己的身体，勇于接纳自我的青少年会更容易受到伴侣的尊重。

2. 自尊心。

青少年与外界的社交互动方式极大程度地影响了他们对于

自己的重视程度。如果青少年在社交中坚信自己的人格、观点和价值观都值得被重视、尊重，那么他们就会勇于为自己辩护，挑战或拒绝那些贬低的声音，即便身处低谷也仍会表现出绝佳的恢复力。除此之外，强大的自尊心还有助于年轻人建立健康积极的恋爱关系。

3. 知识储备。

青少年对性问题的正确抉择，是基于全面掌握正确的性知识的基础之上的。譬如，性行为和性交的区别所在；怀孕的过程；性疾病的传播与感染途径、就医指南；避孕措施的分类与利弊；性虐待的危害与规避；等等。青少年对上述知识的了解程度将塑造他们对性的认知。如果青少年拥有充足的性知识储备，并且善于灵活运用，那么他们经历负面性行为的概率也会大大降低。

◆ 如何引导青少年做出健康的性选择

青春期晚期的青少年对"性"有着强烈的渴望，对父母而言，这正是引导青少年做出健康的性选择的绝佳机会。为了更好地引导孩子，父母必须在自己与青少年之间建立起公开透明的交流通道，并且不论谈话的内容有多尴尬，都要坚持下去。下列建议可以帮助父母更好地引导青少年：

1. 在家里营造积极讨论性文化的氛围。

父母与孩子就性话题展开讨论时，要注意讨论的方式和态度，应该以一种积极的、适合孩子年龄的方式进行讨论。并且，父母应当承认性行为是人之常理，当双方都表示同意，且时机成熟时，那么享受一场安全健康的性行为所带来的愉悦感也并不是一件坏事。在谈论性话题的过程中，父母应持积极开放的态度，不要因为外界对性的看法而耻于开口谈论，也不要因为性而恐吓孩子，更不能使用低劣、肮脏的字眼来描述青少年的性行为。

家庭中的性文化氛围积极与否，与父母的文化背景息息相关。有些父母在初次和孩子谈论性的时候会感到尴尬，因为他们不确定这些陌生的信息是否会让孩子感到不适，孩子又会做出何种反应。而有些父母则认为，由于科技的快速发展，当今的青少年会接触到更多与性相关的信息，并且这个年龄段的孩子对性的渴望程度也会日益增长，因此和孩子谈论性是非常不合时宜的一件事。

但是，父母不得不承认与孩子谈论性是十分有必要且不可避免的事情。这件事并没有父母想得那样复杂，父母可以通过使用专业的术语（例如，阴茎、阴道、手淫、射精等）、轻松的语气来营造家庭中积极的性文化氛围。在交流过程中，父母还需要积极提问，尽可能不带偏见地耐心倾听孩子的意见，并且还要忍住自己对孩子展开说教的想法。

家长通常会觉得很难找到合适的时机与孩子共同讨论性问题，但事实并非如此。因为从电视到社交媒体再到广告，性信息几乎无处不在，细心的父母很容易就能找到合适的切入点，并与孩子展开讨论。作为几个十几岁孩子的母亲，我可以告诉你，孩子之间的谈话经常充斥着与性相关的话题，因此家长很容易就能将谈话转移到他们对某个性话题的看法上。

如果你的孩子不愿意谈论性，甚至连简短的闲谈也很抗拒，又该怎么办呢？虽然有些棘手，但无论如何都得和孩子好好谈一谈性，因为这是成长路上的必修课。如果可以的话，不妨问问你的孩子，什么样的交流方式能让他们感到舒服：是书面材料？还是和另一个值得信任的成年人讨论？又或是几段经过仔细审查的性科普视频？同时，记得提醒你的孩子，如果在性这一方面，他们连谈论都羞于出口，那么最好还是不要轻易地去尝试性行为。因为健康的性生活，需要与伴侣进行沟通。另一方面，如果你的孩子是过度分享型的性格，那么他们和你分享的有些事情难免会令你大惊失色，这时的父母又该如何应对呢？

首先，父母应该认真倾听，确保他们所说的事情都是真实准确的，并且是在安全的情况下发生的。其次，你可以为你们的谈话设定一个界限。因为你们是亲子关系，并非朋友关系。孩子对性话题的开放态度，并不意味着父母必须知道他们性生活中的所有细节。所以,有必要让孩子认清父母在家庭性教育中引导者的角色,他们不仅可以向父母说出心中的疑惑,还可以向父母寻求情感方面的支持。

2. 让青少年学会分辨什么是色情制品。

青少年对性产生好奇是非常正常的现象,但这也导致不少青少年会主动去寻找色情制品。数据显示,在欧美国家,青少年第一次接触色情片的平均年龄是 13 岁,尽管近 50% 的孩子第一次接触色情图片或视频是出于偶然。但是,大约 70% 的 15~17 岁的青少年指出,他们"偶尔"或"经常"浏览色情网站,而且近 70% 的色情网站访问者是男性。

专业人士大多认同的一点是,人们可以轻而易举地接触到色情制品。这就导致,色情制品很有可能成为正规性教育的替代品,并可能导致青少年对性行为中男性和女性的角色、性行为的观感,以及性行为的开展产生不切实际的想法。除此之外,青少年过早接触色情制品还会产生一些负面影响,如对女性性别的歧视态度等。

为了使孩子免遭这些负面信息的荼毒,父母有必要向孩子说明什么是色情制品。首先,父母要承认青少年是可以接触到色情制品的,而且他们接触色情制品是在所难免的事,然后与孩子讨论色情制品和真正的性行为之间的区别(因为真实的性行为要更混乱,也更尴尬。父母要强调正确使用避孕套及安全性行为的重要性）。其次，父母还应让孩子了解关于色情制品对性别身份认同影响的最新研究结果（我曾经把两篇相关文章转发给我的孩子，然后在晚餐时与他们一起讨论）。

家长： 我们之前讨论过色情制品，对吧？

青少年： 对，都聊了无数次了。

家长： 我想跟你分享我听到的一些事。听说学校里有人录了一段和男友的性爱录像，而且还被转发了。你看过这个视频吗？

青少年： 看过，是我一个朋友发给我的，但是我没有转发给任何人。我知道那样做是不对的，所以我把视频删掉了。

家长： 看完之后你有什么想法吗？

◆ **试试这样说**

青少年对性的了解要比他们的父母早得多，不论了解的信息正确与否。如今，性术语、性暗示、淫秽短信和色情制品经常在闲聊中被提及，而且青少年并不认为成年人会对他们在性知识的了解程度上感到惊讶或不适。虽然我想不出有什么比在互联网上看到裸照更尴尬的事情，但许多青少年和年轻人都没有这种感觉。他们不会考虑传播色情信息会导致怎样的法律后果。因此，家长在准备与孩子展开这段极其尴尬的对话前，不如先看看下面的话术：

试试这样说	不要这样说
在你看来，怎样才算是准备好开始一段性关系呢？	你还太小，这种事你想都别想。
每个人都会有性经验。	男孩只想要上床。女孩直接拒绝就行。别让他们利用你。
青少年经常对色情片感到好奇。你可能已经看过了，对色情片，你有什么想问的吗？	最好不要让我发现你在看那些垃圾影片。
尽可能多地了解关于性的信息是正确的选择，这样当时机到来时，你就可以做出正确的决定。	谈论性和避孕措施只会让你想要去尝试性行为。

从前我怎样跟孩子说？

_____

_____

_____

以后我要怎样跟孩子说？

_____

_____

_____

◆ 阅读心得

我的孩子遇到过哪些类似的问题?

我之前是怎样做的?

今后我可以怎样做?

强烈的情绪波动

青少年比成年人更情绪化。假如用 1~10 的数值大小指代青少年情绪的高低范围,那么我们会发现青少年的情绪似乎总是徘徊在非常低的(1~3)或非常高的(8~10)区域内,很少会有情绪稳定的时候。因此,青少年经常被描述为"过度情绪化""喜怒无常""不可预测",甚至是"暴脾气"。家长常说自己"小心翼翼",因为他们难以预料自己十几岁的孩子会为了什么事而大发雷霆。青少年当然可以感受到自己强烈的情绪和爆发点所在,但他们却并不知道该如何调节自己的情绪。与此同时,青少年内心对独立自由的渴望和他们对父母的强烈抵触心理,会使他们与父母间的亲子关系疏远,加重父母的压力。这些特征在那些青春期晚期的孩子身上得到了淋漓尽致的体现,此时的他们正准备从高中毕业,并且很有可能会从原生家庭中独立出去。

◆ **为什么青少年会产生强烈的情绪**

重要的是父母要认识到青少年的情绪不是无理取闹,大多数时候,青少年可以找到他们兴奋、沮丧或悲伤的来源,但是他们不愿意或无法用语言表达自己的情感。即使他们用语言表达,也总是会使用一些极端的语言,比如"我尴尬得要死""我开心死了",或者"这是我一生中最糟糕的感觉"。极端言语可能令人担忧，但综合考虑青少年所处的环境、青少年的个性，以及其对朋友或家人的整体看法后，我们应正视这些极端语言。而且，父母不应该对这些极端语言视而不见，因为有时极端语言可能是在暗示青少年有自残的冲动或正沉浸在痛苦之中难以自拔。

青少年最快乐的时光总是和朋友一起度过的。他们会把欢声笑语留给朋友，留给父母的却总是烦躁不安、抱怨不休和无精打采的模样。如果你的孩子没什么朋友也从不参加社交活动，那么你应该鼓励孩子培养一门兴趣爱好（例如，音乐、绘画或编程），优先发展同伴关系，让他们有机会与其他青少年共处（例如，青年组织、课外活动或志愿者），又或是让孩子与辅导老师进行交流，这样一来，他们就会建立起除父母以外的社会联系。青少年需要有一个突破口来探索新的兴趣，需要有朋友倾听自己的心声。父母要明白即使你深爱着孩子，你们也永远无法取代孩子心中朋友的角色。

◆ 如何与青少年沟通

1. 陪伴。

青少年每天要忙的事情有很多，生活规律也不稳定，更别提与家人共进晚餐了。因此，这一阶段的父母和青少年，虽然生活在同一屋檐下，却又好像活在两个平行时空中，就连见上一面都很难。对于一些父母来说，他们和孩子的唯一交流方式就是互发大量的短信。多数青少年表示，当他们与父母待在一起的时候，父母永远都是他们最好的老师和支持者。所以，父母不如放下手机，减少干扰，耐心倾听孩子的每一句话，细心感受孩子话语背后的情感。

家长：嘿，今天过得怎么样？

青少年：还不错吧。

家长：遇上什么困难了吗？还是说有好消息要告诉我？

青少年：坏消息是，上回的数学考试很难，我只得了77分。好消息是，我可以把周五晚上的兼职调到周日，这样我就有时间去看足球赛了。

家长：恭喜你如愿以偿，可以去看球赛了。数学课上有什么不懂的地方需要我帮忙吗？

青少年：不用了，只是犯了几个低级错误。我准备做一个额外的作业，把学分补上。

青少年认为一旦父母开始说教，那么他们相处的时间就会变得枯燥乏味，毫无意义。即便父母对孩子提出表扬，可孩子还是会因为父母指出他们犯下的错误而失落不已，尤其是当父母开始唠叨那些在孩子眼中已经是"过去式"的错误。尽管父母无法回避孩子的缺点或有压力的话题，但也不能总是反复提及这些话题，而是应该多多赞美和鼓励孩子。

2. 关注孩子的独特优势。

父母应与孩子保持良好的沟通，在必要时给予温和的反馈和坚定的支持，并对青少年的兴趣和优势表示赞同和鼓励，这样做将有助于青少年身心的茁壮成长。具体来说，父母可以在一场棒球比赛中为他们加油，帮助他们申请奖学金，或继续为他们的吉他课程付费。学会一项令他们感到自信和有吸引力的兴趣或技能，也许可以帮助青少年实现既融入社会、又与众不同的矛盾想法。

家长：你在房间里唱的那首歌很好听。

青少年：我有一个可以播放背景音乐的应用。

家长：你好像很喜欢声乐课。这让我很期待你的期末音乐会。

3. 与孩子进行心灵上的沟通。

心灵沟通听起来很简单，但事实并非如此。在忙碌的家庭生活中，我们很容易将注意力集中在日常事务或一天中需要完成的繁重任务上。青少年只有约15%的时间和家人在一起，在这短短的时间里，父母要顶住压力，因为他们要利用好每一分每一秒，要在有限的时间里向孩子传授经验，为孩子提出自己的宝贵意见，有时他们还得向孩子提问。父母连喘口气歇一歇的时间都没有，不要说了解孩子的行为举止，就连眼神交流都已成了一种奢望。青少年希望有独处的空间，可当他们想要分享时，又希望有人倾听自己的心声，即便是犯了错误，他们也希望得到父母的鼓励。

我：过来和我对视 15 分钟。

我的孩子：什么？明明昨天刚和你对视过。

我：不，那都是两天前的事儿了。我要看到你的脸和眼睛。聊什么都无所谓，但你得看到我眼神里对你的爱意。

我的孩子：好吧，你可真奇怪。

通过与孩子之间的深层次交流，父母可以有效评估孩子的整体健康状况，以及他们的压力水平。如果他们正在经历任何不好的事情，父母也可以及时发现并温和地给予鼓励和提醒。进行心灵上的交流最主要的目的是让父母多花一些时间陪伴孩子，让双方都可以在繁忙的一周中不受干扰地待上几分钟。

虽然青春期并不是自杀的高发期（自杀行为发生率会在老年时期达到顶峰），但孩子患上抑郁症的概率会在青春期里显著提升，尤其是在女孩身上。抑郁的青少年可能会经历持续的悲伤、绝望，会对他们曾经喜欢的活动失去兴趣，还会引起失眠或注意力分散等问题。令人感到不安的是，相关数据显示，在欧美国家，多达 25% 的青少年曾有过非自杀式的自残行为，他们通常会用刀片来划伤自己。压力、自卑和自我厌恶的想法都会导致青少年产生自残行为，并且这种行为具有一定的"传染性"，因为一旦青少年群体中有一名青少年产生抑郁倾向，那么他/她就很容易影响到其他青少年。

◆ 试试这样说

绝大多数的青少年都能够安然度过青春期，并在成年后健康发展。然而，大多数青少年的青春期都充满了选择和压力，稍有不慎就会造成无法挽回的后果。很多父母在这一艰难时期都会感到压力倍增，会感到慌乱。青春期的艰难与困苦是青少年成长的必修课，有时他们甚至需要向专业的咨询师寻求帮助。如果父母想要知道咨询师是否可以有效帮助孩子和家人顺利走出困境，那么最好的方法就是直接和咨询师沟通。家长要谨记，无论选择以何种方式支持孩子，都要坚守住心中的希望。所以当孩子正在与强烈的情绪做斗争时，家长不妨考虑使用以下这些语句予以安慰：

试试这样说	不要这样说
我能帮上什么忙吗?	老天爷啊!你这是怎么了?
你先一个人静一静吧。等你冷静下来,我们再好好聊一聊。	别摆出这副模样,看着就招人烦。
看来这件事让你很难过。	你总是这样反应过度。
我们什么时候一起吃顿午饭?	你从不花时间陪我。

从前我怎样跟孩子说?

_____

_____

_____

以后我要怎样跟孩子说?

_____

_____

_____

_____

_____

◆ 阅读心得

我的孩子遇到过哪些类似的问题?

我之前是怎样做的?

今后我可以怎样做?

施以管束还是放任自流

在青春期晚期这个阶段，家长应该如何约束青少年，才能在给予足够自由空间的前提下，继续予以青少年限制和指导？以下是一些建议：

施以管束	放任自流
比起面对面交流，更喜欢通过短信交流。	有时只通过短信和你交流。
不知道孩子和潜在恋爱对象是否了解性行为须在安全和双方同意的前提下进行。	参加有异性在场的派对或社交活动。
针对身材羞辱、性别刻板印象或未经双方同意的性行为来开玩笑、发表评论。	有关性的笑话或社交媒体上的不当言论也许不是孩子的观点，但不要让有害的行为或错误的观念一直延续下去。

第 5 章

成年初显期：或许也是雏鸟离巢的好时机

(多发生在 19~25 岁)

我：租金攒得怎么样了？

儿子（拿出一沓皱巴巴的钞票，然后把一张礼品卡顺着桌面滑了过来）：作为一名需要向父母交房租的成年人，我还得继续努力。

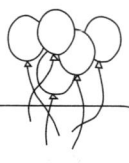

从高中毕业到 25 岁左右的这一阶段，充满了探索与未知。与枯燥的高中时代不同，青少年毕业后的生活有着广泛的选择，这些选择很大程度上受到年轻人的个人经历和机遇的影响。有些年轻人会继续他们的学业；有些人选择尽快走向工作岗位；有些人会继续和父母住在一起；有些人则住在宿舍里，又或是独立生活。而选择的动力可能来自年轻人的经济条件、文化背景、家庭的期望、家人和朋友提供的情感支持，以及生活经验，如旅游经历或特定的兴趣、技能带来的经历等。刚刚成年的年轻人会勇于尝试各种选择，探索什么样的生活方式才最适合自己。

正如刚刚步入成年的年轻人有无数种方式去探索世界一样，这时的父母对孩子从家庭中独立出去也有无数种方式去应对。一些父母急于从日常的养育责任中解脱出来，他们对孩子驾驭成人世界的能力充满信心，并享受自己的角色由家庭中的权威人物向孩子的朋友的身份转变。另一些父母则会感到失落，他们一方面会对自己的角色感到茫然不知所措，另一方面，他们不仅担心孩子从家里独立出去之后难以与原生家庭建立起亲密的联系，还担心孩子在独立后难以过上富足、充实的生活。

大多数情况下，父母的感受都十分复杂，他们既会为孩子的独立生活感到担忧，又会为孩子和自己的未来感到期待。虽然父母一时间很难接受孩子已经长大成人的事实，但看到他们参加工作或考上大学，建立新的人际关系，开启人生新篇章，父母还是会感到无比的激动和自豪。

成年初显期的孩子的特征

生理方面

青少年长大成人也标志着青春期的结束。20多岁时他们的身高达到了顶峰，肌肉达到了最大容量，心肺功能也处于最佳状态。这一阶段的年轻人普遍认为自己已经迈入了成年人的世界，因此他们可能会沉浸在性爱和酒精的狂欢之中。

情感方面

青春期晚期的强烈情绪，仍然会对一个刚刚步入成年的年轻人在情绪和生活态度方面产生巨大的影响。由于他们已经拥有"成年人"的身份，所以他们在做决定时往往不会和父母商量，父母和孩子的关系也会因此而变得更加和谐。不过年轻人因开启人生新篇章而产生的焦虑感可能会逐渐加剧，他们会觉得父母不再像过去那样无条件地支持他们。成年初显期就像童年和青春期的其他阶段一样，一些年轻人会以积极高效、沉着冷静的态度安然渡过这一人生阶段，而另一些人则会十分吃力，感觉这一阶段充满了困惑和压力。

社交方面

高中毕业后，曾经的好友都忙于开展自己的新生活，这也大大影响了年轻人的社交活动。上大学，搬到不同的城镇，或找到一份兼职工作，这些都会让年轻人接触到完全不同的人群。这群年轻人正处于人生中思维最为活跃的阶段，朋友、同事、恋人，甚至是网红明星，都有可能影响年轻人对自己身份的认同。在这一阶段，对于年轻人来说，同龄人群体仍然比家庭更具影响力。此时，有些年轻人会对自己的社交生活感到压力倍增，因为他们很难像高中时那样与他人近距离接触，更别提建立深厚而有意义的友谊了。在人际关系上，刚成年的年轻人与青春期晚期的青少年有着相同的需求，但成年后的需求可能会更加难以满足。而另一部分年轻人，在承受了来自高中友谊的压力后，会十分珍惜重新开始结交朋友的机会，从而认识更多新朋友。

大脑的变化

成年初显期的大脑发育与青春期晚期高度相似。此时的前额叶皮层还没有完全发育,所以对年轻人来说抑制冲动、制订计划和组织策略仍然是一项挑战。此外,大脑的"奖励机制"仍然高度活跃,这使得年轻人热衷于寻求刺激并倾向于冒险行为。直到接近25岁时"青少年大脑"才能真正发育成熟,从而达到成年人所具备的抑制和调节情绪的能力水平,所以刚成年的年轻人仍然持有超理性的利己思维模式,他们考虑得更多的是自己的一举一动是否能带来好处,而非这些行为背后是否有风险。法定成年的年龄是18岁,而认知成年的年龄却在25岁左右,因此二者的不对等会导致年轻人在法定年龄成年后,仍然犯下许多由心智不成熟而导致的错误。

成年初显期的孩子可能出现的行为

鉴于年轻人这一阶段的人生经历具有多样性和广泛性,我很难描述父母对即将成年的年轻人的生活有什么期待。这时父母与孩子之间的关系会因为很多事情而日益疏远,如孩子上大学、从家中搬出去或外出旅行等。而那些选择继续住在家里或与父母保持密切联系的年轻人,他们与父母间的亲子关系变化可能会比较小。无论生活环境如何,在这段时间里,父母通常会注意到年轻人有以下两个特点:(1)刚成年的年轻人获得了高中时期梦寐以求的自由,因此父母和孩子之间的关系也会变得更加和谐(尤其是当孩子离开家以后);(2)父母和孩子之间沟通(通常是打电话、发短信或视频聊天)的频率和质量得以保持,而且与之前相比经常能得到改善。走在任何一所大学校园里,你都会看到孩子和父母之间在不断地交流。离开家庭似乎会让年轻人变得更加成熟,因为这时的年轻人更有可能保持长期的恋爱关系，在情感上更少地依赖父母，对生活的整体满意度也随之提高。

尽管父母和孩子之间的冲突减少了，但年轻人依旧存在着情绪波动大、难以决策、过度依赖同龄人的认可等状况。年轻人周围的同龄人的群体越大，他们做出的选择就越出格。刚刚迈入成年人世界的年轻人会积极探索自己在恋爱关系中的角色，急于获得工作经验，并构建身份认同，这些都将推动年轻人进一步向成年人转变。

长大成人后的探索

这些年来，父母对子女的期望很大程度上受到年代背景的影响。在美国，大学毕业生的生活质量是由其经济条件决定的。大学教育费用持续飙升，但是大学毕业生却连一份维系生活的工作都难以找到，因此，大部分年轻人很难做到经济独立，从家庭中真正独立出去也显得遥遥无期。有些年轻人离开家去上大学，仅在自己职业领域中的入门岗位坚持了几个月或几年后，便会为了攒下更多的积蓄，而重新搬回家与父母同住。但是在与父母同住和独立生活之间来回折腾，会给双方都带来巨大的压力。事实上，从孩子出生开始再到他们长大，父母一直为他们提供着舒适的物质条件，这种关系不论其好坏，都很难因孩子成年与否而被打破。

◆ 为什么长大成人有时候这么难

首先，我们必须得承认，长大成人是一段艰难的历程。在成年人的世界里，有许多人生大事需要去应对，如工作、社交、时间和金钱管理、教育、心理健康及恋爱关系。除了这些，还有一些日常琐事，如汽车保养，定时去看牙医，以及记住伴侣讨厌的食物（是韭菜还是香菜），这些事情处理起来都不容易，特别是对于那些抗压能力差、组织能力薄弱、自我支持力匮乏的年轻人来说。

而发展"未来感"，则可以有效为成年人建立起健康的心态和行为。未来感指人们对自己未来生活的设想。这种设想可以是抽象的（"我可能会结婚"），也可以是具体的（"当我上考上大学后，我要努力学习，成为一名工程师，在世界500强企业找到一份工作，养一只狗，并在加州买一个小房子作为固定资产"）。重要的是，不管年轻人对未来的定义有多宽泛，他们都可以为自己设想一个充满希望的未来。而那些没有未来感的年轻人，他们无法想象自己未来的生活是什么样子的，因此也就很难设定目标，无法感受人际关系和体验自我能力。

如果孩子没有对未来的规划，父母又该怎么去帮助他们呢？这就需要家长观察孩子有没有其他令人担忧的症状，如抑郁、自残、难就业，以及缺乏社会联系等。如果出现上述任何症状，请让你的孩子及时接受心理辅导。越早让年轻人认识到做好未来规划对现在和未来的重要性，他们就会越早为此付诸实践，从而积极践行自己心中的目标。

◆ 如何帮助年轻人开始他们的成年生活

父母对即将成年的子女的支持更像是成年人之间的支持与帮助。这与适用于维系儿童和青少年时期的亲子关系的方法有很大的不同。现在你的孩子已经是合法的成年人了，即便你的孩子还住在你的家里（数据显示，在欧美国家，近 40% 的成年子女在大学毕业后至少会搬回去和父母住一次），你也无法左右孩子的决定。所以，为了更好地构建成年人之间的相处模式，你可以像下面所说的这样做：

1. 确定一个"开始日期"。

通常，当青少年从高中毕业，离开学校去上大学，或搬回父母家时，父母并不会察觉孩子有什么变化。父母可能会模糊地希望他们的孩子在成年后能表现得更成熟、更独立，但有时他们也会表达出对孩子的具体期望。例如，父母可能会制订宵禁规则，但当孩子不洗碗或不自己洗衣服时，他们又会感到困惑。与其像这样迷茫无措，不如找合适的时机，双方坐下来讨论出一个开始的日期，即年轻人应该从什么时候开始表现得更加成熟。年轻人应该承担与他们对家庭的贡献能力相对应的责任，也应该从与年龄相适应的自由中获益。随着时间的推移，他们在成年世界中逐渐积累实践经验，其肩上的责任可能也会随之发生改变。

家长：毕业后的生活你想从什么时候开始？你是想在毕业的当天开始，还是从你22岁生日那天开始？

年轻人：开始之后会发生什么变化吗？

家长：有什么变化我们可以一起商量。我和你爸爸商量的是，你可以在每月的月初支付250美元的房租，每周工作40个小时，自己洗衣服，每隔1周修剪1次草坪。

年轻人：我没意见。但我不想有宵禁时间，征得老板的同意后，我可以随时安排我的工作班次。只要把我卧室的门关上，就不会让我乱糟糟的卧室干扰到其他人的生活。

2. 专注于你能控制的事情。

父母很难控制自己的孩子是否准时去上班，是否吃健康的晚餐，或者是否按时付房租。但父母可以在他们打来电话时控制自己的语气——是说教、轻蔑还是热情欢迎。父母可以选择是否帮助他们解决一些成人世界中的大事，比如选择医疗保险计划或协商租赁关系。父母还可以决定在孩子陷入困境时给予什么样的帮助，比如，当孩子因为滥用信用卡，而没有足够的钱去支付车贷时；当孩子和朋友因非法闯入音乐会现场而被捕时；又或是当孩子大学课程挂科时。针对上述情况，父母最好提前和孩子一起制订一个"以防万一"的计划，而不是等到他们犯错时才匆忙做出决定。

家长：我听说你几周前买了汽车保险。我真的很高兴，也很感谢你能主动为汽车上保险。如果你有任何关于保险政策或其他相关的问题，我都很乐意帮忙。

年轻人：谢谢。你已经为我解决了所有的难题，我没有什么想要问你的了。

家长：我觉得我们应该再谈点别的，谈一谈如果你因为一些原因而无法使用你的车时，你该怎么办。

年轻人：什么意思？

家长：好吧，例如，你的车在修理店里维修，这就意味着你有一段时间不能开车。而我和妈妈又都在工作，所以我们不能把自己的车借给你，也无法开车送你去上班。我们要谈的就是，当你遇到这种情况时，你该怎么办？

年轻人：我可以和别人拼车，或者搭同事的顺风车。

家长：主意不错。不过我还想让你知道，如果你在路上发生了什么事情，比如轮胎漏气或发动机故障，你都可以打电话向我们求助。在这方面，你并不孤单。但我们真的希望你可以提前制订应急计划，这样就算你的车坏了，你也知道该做些什么,不至于会感到恐慌或不知所措。

◆ **试试这样说**

父母和孩子都很难适应由青少年向成年人转变的相处模式。理想的情况是,随着青春期的结束,父母与孩子之间的交流方式慢慢地转变为成年人之间的交流方式,但实际上却很难做到这一点。因为,如果想要让即将成年的孩子表现得像个成年人,父母就需要像对待成年人一样对待他们。这意味着父母要尊重他们,并期望他们履行与其年龄相匹配的责任。最重要的是,父母要时刻谨记自己的角色已经由掌握家庭话语权的权威人物,转变为孩子背后的支持者。父母应该削弱对孩子的掌控权,并且要保持开放的交流态度,还要与孩子一同为建立全新的相处模式而努力。虽然这一过程并不简单,但相互尊重的态度总会战胜一切艰难险阻。以下建议,可以有效帮助我们避免回到过去的亲子关系中:

试试这样说	不要这样说
我想找个时间谈谈我们如何能更好地分担家里的责任。	我的房子,我说了算。如果你不想遵守约定,那就趁早搬走。
我们现在处于不同的生活阶段,所以我理解你的优先事项与我不同。	你太幼稚了。

(续表)

试试这样说	不要这样说
针对这个问题，你制订了相关计划吗？需要我帮你制订吗？	你需要……你必须……你只能……
我们先把这个问题放一放，聊点别的有意思的事，等以后有空了再来讨论这个问题。	你的懒散和幼稚简直快把我逼疯了。
我们相处时不应该只谈论成年人的问题。不如这周找个时间一起去吃个午饭或看场电影？	（喋喋不休地唠叨）

从前我怎样跟孩子说？
_____
_____
_____

以后我要怎样跟孩子说？
_____
_____
_____

◆ 阅读心得

我的孩子遇到过哪些类似的问题？
_____
_____
_____
_____
_____

我之前是怎样做的？
_____
_____
_____
_____
_____

今后我可以怎样做？
_____
_____
_____
_____
_____

发展身份认同

从青春期晚期向成年初显期的过渡,使得年轻人迫切需要建立自己的身份认同。年轻人试图从融入世界的角度来理解世界,而年龄稍大的青年人则尝试着摆脱以自己为中心的傲慢,更注重团结的力量。身份认同给年轻人带来了很多压力和困惑,他们并不知道自己成年以后,将在生活中扮演什么样的角色。我的定义是什么?我属于哪里?我的目的是什么?我想成为什么样的成年人?有时,身份认同的发展会与他们父母期望的方向相悖,这可能会加剧父母与孩子间的疏离感。成年初显期是自我认同发展的关键时期,而探索则是这一关键时期的主题。

临床和发展心理学家詹姆斯·马西娅(James Marcia)阐述了一个年轻人在寻求身份认同时可能会经历的过程。首先,重要的是认识到身份不只是由一些特征组成,比如性别。我们的身份可能由不同的成分组成,包括性别、年龄和职业探索,还可能包括精神身份、父母身份、配偶身份、种族身份或义化身份。虽然人的一生中身份可能会发生改变,但年轻人已经开始在他们的成年自我背景下定义自己。一个年轻人可能会将自己定义为黑种人、男性、艺术家,而另一个人可能会将自己定义为一名运动员和学生。

◆ 为什么发展身份认同如此重要

发展身份认同对满足成年初显期的年轻人在探索和守诺方

面的渴望显得至关重要。大多数适应良好的年轻人都有机会做这两件事，他们会不断探索、试错，以此来检测他们的选择是否与自我意愿和自我价值观相符合。例如，一个正在寻找职业方向的成年人可能会上大学，做几份实习和兼职工作，或者在教授的指导下进行研究。他们毕业后可能会接受一家公司提供的初级职位，获得工作经验，并且关注工作所带来的利益和挑战。他们可能会转换身份角色，接受额外的培训，或者开始一份完全不同的工作。工作几年后，由于他们有足够的时间探索自己的职业选择，并且外界对他们的诚实守诺也抱有极大的赞赏，因此他们对自己的职业目标也会有更清晰的认知，此时他们又会对自己的职业发展做出进一步调整。

如果刚刚成年的年轻人还没有进行任何的探索就已经做出了选择，那么他们就极有可能会在未来的某一天里感到懊悔。而那些需要在权威人物的认可下才能建立身份认同的年轻人，最容易做出这种事情。与之相反，如果年轻人大张旗鼓地探索，却从不遵守自己许下的诺言（例如，随意地更换工作），那么他们就很有可能会感到焦虑，整日如同一只无头苍蝇一般盲目乱窜。

◆ **如何帮助年轻人在探索自己的身份时获得支持**
1. 鼓励年轻人去探索。
在成年初显期，父母想要孩子快进到成熟思维的想法十分强烈,这时要做的事就只有一件,那就是管好自己的嘴巴,忍住不说!只要孩子在现实中能够满足自己的基本需求,保持身心健康,他们就会从尝试新事物中受益,即使这些东西让你感到不舒服,或者与你在他们青春期试图传授的价值观相矛盾。

家长: 你已经大学毕业了,今年夏天有什么计划吗?

年轻人: 我在海边的鱼店找到了一份很棒的工作。

家长: 听起来不错。不过你有没有想过从事计算机设计工作?你可是花了好大的心血才拿到这个学位的。

年轻人: 最后也不过如此。我更想住在海边,轻轻松松地干上几个月的活儿。迈克说他和我可以在离海滩8千米的地方合租一幢小别墅。他也要去那里工作。

家长: 我猜在这段日子里你一定会品尝不同的海鲜。

2. 接受他们的选择。

对于这一时期的孩子来说,即便选择有误,也尚有挽回的余地。如果你的孩子决定放弃学业,去组建一个乐队,既然如此,那就和孩子定下规矩,不要让乐队在你家练习,并决定你是否会为他们的努力提供物质帮助。一味地说教或试图改变他们想法的行为都会导致孩子拒绝与你沟通,因为在他们看来这是父母不再支持自己的表现。

年轻人：我决定了，秋季学期开始我就不去上课了。

家长：真的吗？那除了上大学，你还有什么别的计划吗？

年轻人：我和西比尔、马克、杰克一起组了乐队，我们想看看能不能接上几场演出。

家长：听起来挺有趣的。不过我也不知道要怎么经营乐队。你要怎么挣钱呢？你们会有巡演吗？

年轻人：嗯，毕业后我攒了一点钱，这周我们就可以工作了。周末我们还要去酒吧和俱乐部表演。我们可以用马克的大越野车，油费和修理费我们几个人平摊。

家长：看来你很期待你的新工作。

3. 要认识到接受并不等同于认可。

你的孩子已经成年了，面对那些你不认可的决定，你可以大方接受，但没必要鼓励或表达认可的态度。理想情况下，你的孩子会足够成熟，能够处理好他们做出的决定与你的偏好不同的情况。但他们可能对你的反馈特别敏感，可能会默认你是不支持他们的。所以父母和孩子都应学会如何冷静地表达自己不同的意见。

家长：我能看出来你对这个夏天在海滩上工作感到很兴奋。

年轻人：是的，当然。

家长：不过我得承认，我还是希望你可以找到一份电脑设计方面的工作。你很努力，也很有天赋。而且，你还有一些学生贷款要还。

年轻人：我知道，我会的。但我现在还不想找一份成熟的工作。我想和迈克去海滩玩。我也不想听你一直跟我念叨这个。

家长：该说的我已经说完了。我只是想告诉你我的感受，但我理解你已经决定要怎么度过暑假了。我真的希望这对你来说是一次积极的经历。

◆ **试试这样说**

形成身份认同是过渡到成人生活中最为关键的方面之一，父母必须让孩子独自经历这一过程，即使最后有可能会是一团乱麻。（"她总爱穿些奇装异服，已经有6个月没有和家人一起出门了……这是她这个年龄段特有的现象，还是说她成年后的生活会一直是这样？"）处于成年初显期的年轻人会做出自己的选择，比起选择，更重要的是他们有足够的空间来充分地体验这些选择。这样一来，即便他们遇到消极的后果，也可以更谨慎地引导自己做出积极的选择。

父母要记得，孩子在他们的一生中会经历许多转变，如果你一直是孩子坚定的支持者，你就会和孩子一起经历成长和改变。下面这些方法可以让孩子感受到来自父母的支持，而非命令：

试试这样说	不要这样说
我是来帮忙的。	你应该……
失败是成功之母。只有犯错了你才知道什么该做，什么不该做。	你已经长大了，怎么连这个都不知道。
我不太明白你的想法。你能详细地给我解释一下吗？	这是个坏主意。
你的选择和我预想的不一样，我有些难以接受。我需要更多的时间来适应。	我们辛辛苦苦把你养大，不是为了让你和我们作对的。
你是成年人了，你可以自己做决定。	我希望你能从我的错误中吸取教训。所以，听我的……

从前我怎样跟孩子说？

_____

_____

_____

_____

以后我要怎样跟孩子说?

◆ 阅读心得

我的孩子遇到过哪些类似的问题?

我之前是怎样做的？

_____

_____

_____

_____

今后我可以怎样做？

_____

_____

_____

_____

◆ 父母如何放下烦恼，减少焦虑

编一条"洗脑神句"！我没开玩笑。虽然大多数时候父母们可以控制住自己因年轻人做出的莽撞选择而产生的焦虑感，但总会有一些令父母感到难以忍受、手足无措的时刻。这时，父母不妨尝试这样做：（1）闭上眼睛；（2）做几次深呼吸（确保用鼻子吸气，用嘴呼气）；（3）重复刚刚编好的"洗脑神句"，如"我的孩子现在已经是成年人了。我把他们教得很好，他们聪明、能干、受人欢迎。他们会自己从错误中吸取教训，然后茁壮成长"。最好把它写在一张纸上，贴在你的视线范围内，然后再用其他事情分散自己的注意力，直到你最烦心的时刻过去。